零售业经营管理攻略系列

Supermarket Management
图解 商场超市
布局与商品陈列

付玮琼 主编

化学工业出版社

·北京·

本书作为"零售业经营管理攻略系列"的一个分册，首先介绍了商场（超市）布局管理的内容，然后列举了基本陈列要求，最后对生鲜区商品陈列、食品区商品陈列、家居用品区商品陈列、服装区与鞋类商品陈列等进行了详细介绍。

本书定位于实操读本，内容简洁实用，同时板块设置精巧，结构清晰明确。既可供专业培训机构、院校零售专业等作为培训教材、培训手册，又可以作为商场、超市各级人员的工作指导书，直接应用于实际工作中。

图书在版编目（CIP）数据

图解商场超市布局与商品陈列/付玮琼主编. —北京：化学工业出版社，2014.6（2022.7重印）
（零售业经营管理攻略系列）
ISBN 978-7-122-20269-7

Ⅰ.①图… Ⅱ.①付… Ⅲ.①商场-商品陈列-图解②超市-商品陈列-图解 Ⅳ.①F717-64

中国版本图书馆CIP数据核字（2014）第069275号

责任编辑：陈　蕾　　　　　　　　　　装帧设计：尹琳琳
责任校对：吴　静

出版发行：化学工业出版社（北京市东城区青年湖南街13号　邮政编码100011）
印　　装：大厂聚鑫印刷有限责任公司
710mm×1000mm　1/16　印张 $8\frac{3}{4}$　字数159千字　2022年7月北京第1版第12次印刷

购书咨询：010-64518888　　　　　　　　售后服务：010-64518899
网　　址：http://www.cip.com.cn
凡购买本书，如有缺损质量问题，本社销售中心负责调换。

定　价：38.00元　　　　　　　　　　　　　　　　版权所有　违者必究

前言

十八届三中全会明确提出了加快城镇化进程,完善城镇化体制的工作目标。随着城镇化进程的不断加速,越来越多的人口进入城镇中。在城镇中,商场、超市是人们购物与消费的主要场所。因此,城镇化的推进为商场、超市提供了良好的发展前景。

国外零售业巨头沃尔玛、家乐福等众多知名零售集团在我国开发布局了大量的卖场,由于其成熟的管理模式和先进的管理经验,对国内各商场、超市带来了巨大的冲击,同时,随着"天猫商城"、"1号店"等网络超市和电子商务的迅猛发展,也使得商场(超市)竞争趋于激烈,再加上国家对零售业的管理越来越规范、严格,而消费者的要求也越来越高,这使得商场、超市需不断寻求新的增长点和探讨更加先进的管理和服务模式,以满足消费者日益增长的需求。

作为零售业的商场、超市只有不断学习先进经验,提高自身管理与服务水平,提升各级管理人员和员工的综合素质,才能在激烈的市场竞争中立于不败之地。

基于此,我们在研究与探索商场、超市管理与服务的基础上,结合零售业的特点和发展趋势,从实际工作出发,编写了"零售业经营管理攻略系列"丛书,本丛书对商场、超市经营与管理、布局与商品陈列、卖场服务与管理以及营销与促销四个方面的内容进行了详细、实用的描述,为商场、超市的管理人员和基层员工提供了完善的学习思路,以供参考。

《图解商场超市布局与商品陈列》作为"零售业经营管理攻略系列"的一个分册,首先介绍了商场(超市)布局管理的内容,然后列举了基本陈列要求,最后对生鲜区商品陈列、食品区商品陈列、家居用品区商品陈列、服装区与鞋类商品陈列等进行了详细介绍。

本书的最大特点是在每章前、后设置了"学习目标"和"学习回顾"两个栏目,既为读者提供学习指引,又通过不断的回顾来巩固所学的知识;在正文中,将每项工作内容以流程的形式进行展现,方便读者按照流程一步一步进行实践操作。同时,书中也分别设置了各种不同的小板块,对正文内容进行补充,使全书更为丰富。

本书定位于实操读本,内容简洁实用,同时板块设置精巧、结构清晰明确。既可供专业培训机构、院校零售专业等作为培训教材、培训手册,又可以作为商场、超市各级人员的工作指导书,直接应用于实际工作中。

本书由付玮琼主编,在编写过程中,获得了许多朋友的帮助和支持,其中提供资料的有王春华、王春侠、王玉奇、韩琦、赖娇珠、刘作良、刘云娇、石保庆、何亚龙、杜万霞、靳玉良、张伟标、张杰、张艳红、张继军、高锟、李汉东、李春兰、李景吉、李宁宁、李军、陈强、谭双可、解素跃、何志阳、魏锡强、宋春霞,最后全书由匡仲潇审核。在此一并表示感谢!由于编者水平有限,不足之处敬请读者指正。

编者

目录

第一章 商场（超市）布局管理

第一节 商场（超市）基本布局 1
  一、出入口的布局 1
  二、设计购物路线 3
  三、确定陈列面积 6
  四、进行商品配置 8
  五、卖场的功能性布局 9
  六、停车场的设计 11
  七、卖场广告的设计 12
第二节 商场（超市）内部设计 13
  一、橱窗设计 13
  二、标志的设计 15
  三、墙壁的设计 16
  四、地板的设计 16
  五、天花板的设计 17
  六、照明的设计 18
  七、声音的设计 20
  八、色彩的设计 21
  九、气味的设计 23
  十、通风设备的设计 24
  十一、标示用设施的设计 25

十二、收银台的配置与设计 26
十三、存包处的设计 26

第二章　商品基本陈列要求

第一节　商品陈列基础 27
　一、卖场陈列区的划分 27
　二、卖场陈列高度与销售效果 28
　三、标明陈列信息 29
　四、以最简洁的方式陈列商品 30
　五、确保拿放方便 32
　六、实施标准化陈列 33
第二节　商品陈列基本方法 34
　一、集中陈列法 34
　二、整齐陈列法 34
　三、盘式陈列法 35
　四、两端陈列法 35
　五、岛式陈列法 36
　六、突出陈列法 37
　七、悬挂陈列法 37
　八、定位陈列法 37
　九、比较陈列法 37
　十、关联陈列法 38
　十一、接触陈列法 39
　十二、季节陈列法 39
　十三、连带陈列法 40
　十四、图案陈列法 40
　十五、最佳高度法 41
　十六、特殊陈列法 42
　十七、卖场陈列的艺术化趋势 45

第三章 生鲜区商品陈列

第一节 果蔬类的陈列 47
一、果蔬陈列的五项基本方式 47
二、果蔬陈列形态 48
三、常见果蔬的陈列 50

第二节 水产品陈列 52
一、水产品陈列示意图 52
二、水产品陈列方法 53
三、水产品陈列基本要求 54
四、不同水产品特殊陈列要求 56
五、水产品陈列器具使用规范 56

第三节 肉类的陈列 57
一、主要肉类的陈列 57
二、肉类的陈列注意事项 59

第四节 自制类食品的陈列 60
一、自制类食品操作区位安排 60
二、自制类食品陈列图 60
三、自制类食品陈列的基本要求 61
四、不同自制类食品的正常陈列规范 61

第四章 食品区商品陈列

第一节 饮料、酒水的陈列 63
一、碳酸饮料的陈列 63
二、果汁 64
三、咖啡、乳饮料 65
四、功能性饮料 66
五、茶饮料 67

- 六、啤酒 ... 67
- 七、烈酒 ... 68
- 八、香烟 ... 69
- 九、保健营养品 ... 70

第二节 冲调品、冷冻冷藏品的陈列 ... 71
- 一、奶制品及鲜果汁 ... 71
- 二、中式快餐火腿肠 ... 72
- 三、火腿、西式香肠 ... 72
- 四、加工制品及酱菜 ... 73
- 五、茶 ... 74
- 六、咖啡及伴侣 ... 75
- 七、婴幼儿食品 ... 75
- 八、佐餐酱汁 ... 76
- 九、冲调粥粉 ... 77
- 十、饼干 ... 78
- 十一、进口食品 ... 79

第三节 休闲食品的陈列 ... 79
- 一、膨化食品 ... 79
- 二、蜜饯 ... 80
- 三、核果及其他 ... 81
- 四、糖果 ... 82
- 五、果冻 ... 83

第四节 粮食、调味品及干杂货的陈列 ... 84
- 一、粮食 ... 84
- 二、烹调油 ... 84
- 三、袋装速食面 ... 86
- 四、杯碗速食面 ... 86
- 五、酱油、醋 ... 87
- 六、调味酱汁 ... 88
- 七、酱菜和豆腐乳 ... 89

第五章　家居用品区商品陈列

第一节　常用家居用品的陈列 91
- 一、杯子 91
- 二、家居器皿 92
- 三、一次性用品 93
- 四、炒锅、煎锅 94
- 五、保温瓶桶 94
- 六、保鲜容器 95
- 七、刀具 96
- 八、厨房器具 97
- 九、厨房设备、酒类收藏器具 98
- 十、清洁用品 98
- 十一、卫生间配件 99
- 十二、浴室配件 100

第二节　家庭用具的陈列 101
- 一、灯具 101
- 二、桌椅 101
- 三、桌椅地台 102
- 四、储藏层架、小型家具 103
- 五、灯泡 104
- 六、钟表 104

第三节　家庭日用品的陈列 105
- 一、卫生卷纸 105
- 二、抽式纸 106
- 三、洗衣粉 107
- 四、杀虫用品 108
- 五、空气清新剂 108

第四节　洗化用品的陈列 109
- 一、洗发水 109
- 二、美发用品 110
- 三、口腔护理用品 111

四、香皂 112
五、洁面用品 113
六、成人护肤品 113
第五节 学习和办公类商品的陈列 114
一、书写工具 114
二、绘画材料 115
三、本册 116
四、学生用品 117
五、办公用纸 117
六、文件夹 118

第六章 服装区与鞋类商品陈列

第一节 服装区商品陈列 120
一、服装区的整体陈列 120
二、T恤 121
三、衬衫 122
四、裙子、连衣裙 122
五、男女裤子 123
六、男女成衣 124
七、牛仔装 124
八、童装 125
第二节 鞋类商品的陈列 126
一、女式皮革鞋、靴、凉鞋 126
二、男式皮革鞋、靴、凉鞋 127
三、运动鞋、休闲运动鞋 128
四、拖鞋 128

第一章 商场（超市）布局管理

学习目标

1. 了解如何进行商场（超市）基本布局。
2. 了解如何进行商场（超市）内部设计。

第一节 商场（超市）基本布局

一、出入口的布局

（一）出入口布局的重要性

任何一种零售业态都是从请顾客进入店内开始的，因此如何让顾客很容易地进入店内购物就成为卖场设计首先考虑的问题。一个商场（超市）在顾客心目中的形象首先取决于下面的一些因素。

（1）商场（超市）的选址及附近交通状况。

（2）停车场的大小及其位置。

（3）店面的色彩、标识及照明。

（4）出入口的位置、开入程度及有无障碍。

（5）店内的通透性。

（6）出入口处商品的布局及陈列方式。

（7）正门入口处的清洁及整理整顿。

（二）卖场的入口与出口的布置要求

（1）卖场的入口与出口应分开，各设1处，并与主通道连接，这样保证没有死角，使顾客尽可能转遍整个商场（超市）。图1-1表示入口与出口的关系（阴影部分表示死角）。

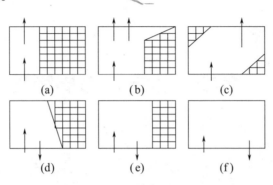

图1-1　入口与出口的关系

（2）大型综合商场（超市）卖场的出入口设计。国外跨国企业的大型综合商场（超市）在设计卖场时，将出入口完全分开，如美国沃尔玛超市、法国家乐福超市。

沃尔玛超市的出入口设计：沃尔玛在设计卖场布局时，分为上下两层，将入口处设计为从二层卖场入口，将一层卖场设计为出口，具体示意图如图1-2所示。

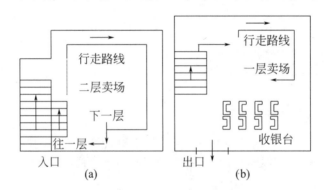

图1-2　沃尔玛卖场出入口示意图

以下是沃尔玛超市的入口，顾客来来往往，非常繁忙，如图1-3所示。

解说：
① 入口设计要宽敞，方便顾客通行。
② 入口地面应干净、整齐，上方必须有明确的"入口"标志。

图1-3　沃尔玛超市入口

二、设计购物路线

商场（超市）商品布局设计非常重要的一步，就是设计顾客购物的路线。良好的购物路线是商场（超市）无形、无声的导购员，因为若设计一条适应人们日常习惯的购物路线，顾客就会自然地沿着这一线路而行，能看到卖场内各个角落的商品，实现最大限度的购买量。

（一）购物路线设计要求

目前，卖场中存在着两条流动线：顾客流动线和商品配置流动线。这里主要讲述顾客流动路线的设计应遵循的基本要求，如图1-4所示。

收银台终点：顾客购物路线的设计，应当让顾客浏览各商品部和货架，最后的出口应为收银台，收银台应是顾客流动线的终点

避免死角：所谓有死角，一是指顾客不易到达的地方，二是指不能通向其他地方而只能止步回折的区域
死角，或是使顾客无法看到陈列商品，或是使顾客多走了冤枉路，都会使流动线无效率，卖场也会无效益，因此，应避免出现死角

拉长线路：市场调查表明，顾客购物的线路越长，在店中停留的时间越多，从而实现的购买额越大，因为，购物路线的延长表明顾客可以看到更加丰富的商品，选择的空间加大

适当的通道宽度：进入卖场的顾客，通常是提购物篮的或推购物车的，适当的通道宽度不仅便于顾客找到相应的商品货位，而且便于仔细挑选，也会形成一种宽松、舒适的购物气氛

图1-4　顾客流动路线的设计要求

　　商场（超市）拉长购物路线是以丰富的商品陈列作为基础，但购物路线也不能过长，如果顾客不熟悉商场（超市）的走向，长时间走不出去，很容易对商场（超市）产生抱怨的情绪。

（二）购物路线的基本模式

　　不同业态的卖场，其顾客的购物路线有所不同。对于商场（超市）卖场来说，出入口一般在一个方向，因此，顾客购物路线常是一个大环型轮廓，附以若干曲线，其基本模式如图1-5所示。

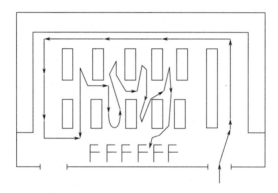

图1-5　顾客购物路线基本模式图

顾客购物路线有大环形和小环形。

1. 大环形

　　大环形（如图1-6所示）是指顾客进入卖场，从一侧沿四周环行后再进入中间货架，这就要求进入一侧的货架一通到底，中间不留穿行的缺口。

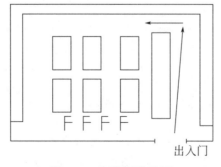

图1-6　大环型线路图

第一章　商场（超市）布局管理

这种大环形通道适合1600平方米以下的商场（超市）。大型商场（超市）采取此法，会让人感到别扭和不便。

2. 小环形线路

小环形线路（如图1-7所示），是指顾客进入卖场，从一侧前行，不必走到顶头，中间就有通道可进入中间货架，当然也会有顾客仍选择大环形线路。小环形线路是对入口一侧的货架采取非连体，即分开式。1600平方米以下的商场（超市）通常用此种方式。

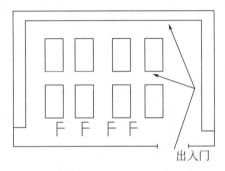

图1-7　小环型线路图

最佳的顾客购物路线是顾客进入后，沿周边绕行，再进入内侧货架区。顾客穿行货架越多，购买额越大。当然许多顾客不会将卖场转一个圈，但有意识地将周边通道加宽是必要的，人们总是习惯走较宽的通道。同时，在关键部位设置独特、鲜艳的商品会起到路标作用，可让顾客光顾更多的货架。

（三）通道的设计

理想购物路线的形成不能靠强制，而应引导形成。引导包括两方面，一是通过商品陈列引导，二是通过通道设计引导，因此，通道设计是顾客购物路线形成的重要影响因素。

通道的设置要求如下。

商场（超市）的通道划分为主通道与副通道。主通道是诱导顾客行动的主线，而副通道是指顾客在店内移动的支流。商场（超市）内主副通道的设置不是根据顾客的随意走动来设计的，而是根据商场（超市）内商品的配置位置与陈列来设计的。

以下各项是设置卖场内通道时所要遵循的要求，如图1-8所示。

| 足够的宽 | 足够的宽就是要保证顾客提着购物筐或推着购物车，能与同样的顾客并肩而行或顺利地擦肩而过 |

| 笔直 | 要尽可能避免迷宫式通道，要尽可能地进行笔直的单向通道设计，在顾客购物过程中尽可能依货架排列方式，将商品以不重复、顾客不回头走的设计方式布局 |

| 平坦 | 通道地面应保持平坦，处于同一层面上，如有些卖场由两个建筑物改造连接起来，通道途中要上或下几个楼梯，有"中二层"、"加三层"之类的情况，令顾客眼花缭乱，不知何去何从，显然不利于商品销售 |

| 少拐角 | 这里的少拐角处是指拐角尽可能少，即通道途中可拐弯的地方和拐的方向要少，有时需要借助于连续展开不间断的商品陈列线来调节 |

图1-8　设置卖场内通道时应遵循的要求

一般来说，商场（超市）卖场的主、副通道都大大宽于百货商场的主、副通道。百货商场的主通道在1.3米以下，副通道在1.2米以上，而商场（超市）卖场的通道不应低于这个数。一般来讲500～1000平方米的商场（超市）卖场的主通道宽度为2.5～2.7米，副通道宽度应在1.5～1.7米，最小通道不能小于0.9米，要能让两个人并行或逆向通过。收银台前的通道要适当宽些，一般要在2米以上。

根据卖场规模确定的方法，可计算出商场（超市）为满足顾客需求的最有效

与最经济的面积,但这些面积要如何分配到各商品呢?以下有两种方法:

(一)根据国民消费支出比例参照现有卖场的平均比例进行划分

假设不论什么商品,其每一平方米所能陈列的商品品种数都相同,那么为满足顾客的需求,卖场各种商品的面积配置比例应与国民消费支出的比例相同。

但目前卖场的商品结构比与国民消费支出的结构比有很大的差异,更何况各种商品因陈列方法的不同,所需的面积也有很大的差异,但商场(超市)仍需以此数据为基准,在进行最简单的分配后,再做调整。现有商场(超市)各商品部门面积分配的平均比例见表1-1。

表1-1 商品部门面积分配表

部 门	消费支出结构比/%	面积分配结构比/%
果 蔬	24	12~15
水 产	11	6~9
畜 产	19	12~16
日 配	9	17~22
一般食品	7	15~20
糖果饼干	7	8~12
干 货	10	10~15
特许品	6	3~5
其 他	7	4~6

(二)参考竞争对手的配置发挥自己特色来分配面积

(1)商场(超市)在进行卖场商品的配置前,可以先找一家竞争对手或是某家经营得很好的、可以模仿的卖场,了解对方的卖场商品配置。

比如,某卖场是竞争店,它有100米的冷藏冷冻展示柜,其中果蔬20米、水产10米、畜产1.5米、日配品50米。

(2)接着就要考虑自己卖场情况:如果我们的卖场比它大,当然就可以扩充上述设备,陈列更多的商品来吸引顾客;如果自己所在卖场面积较小,则应先考虑可否缩小其他干货的比例,以增加生鲜食品的陈列面积。

(3)在大型商场(超市)经营中,生鲜食品是否经营成功往往也就决定了其成败。如果面积一样,则可分析他们这样的配置是否理想;如果自己有直接的批发商,则可以在果菜方面发挥特色,增加果菜的配置面积,而对其他商品的陈列面积进行适度的缩小或要求的更高一点。对于其他干货类的一般食品、糖果、饼干、杂货等，也都可用此方法分析。

（4）各商品大类（部门）的面积分配做好后，应再依中分类的商品结构比例，进行中分类商品的分配，最后再细分至各单品，这样就完成了陈列面积的配置工作。

有了陈列面积的配置后，商场（超市）在具体的商品配置上应依据顾客的购物路线，也就是购买商品的顺序进行商品配置。顾客到卖场购物的顺序一般如图1-9所示。

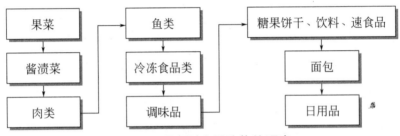

图1-9　顾客到卖场购物的顺序

依据顾客的购物习惯，商场（超市）便可决定商品的配置。目前我国许多商场（超市）的商品配置如图1-10所示。

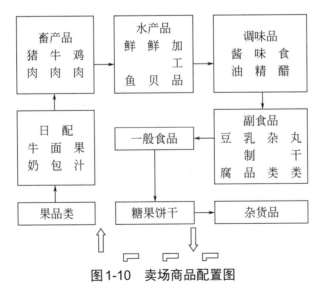

图1-10　卖场商品配置图

（1）新鲜的果蔬是顾客每日必购的物品，摆在进口处较容易吸引顾客，而果菜的颜色鲜艳，可以加深顾客的印象，较能表现季节感，同时水果的大量陈列，可以给顾客丰富的感觉，所以绝大多数大型卖场都将果菜类摆在进口处，其销售额都较高。

（2）日配品中，牛奶与果汁由于购买频率高，销售单价又不高，并且已成为现代人们生活的必需品，所以许多商场（超市）逐渐将它们放在主通道上。

五、卖场的功能性布局

卖场功能性布局主要是依据磁石理论对商品的布局进行调整。所谓磁石就是指卖场中吸引顾客注意力的商品。

运用磁石理论调整商品布局就是在配置商品时，在各个吸引顾客注意力的地方陈列合适的商品，来诱导顾客逛完整个卖场，并刺激他们的购买欲望，扩大商品销售。根据商品对顾客吸引力的大小，可以将其分为第一磁石、第二磁石、第三磁石和第四磁石以及第五磁石。

（一）磁石的位置与商品类型

表1-2是磁石的位置与商品类型。

表1-2　磁石的位置与商品类型

磁石类型	位　　置	商品类型
第一磁石	位于卖场中主通道的两侧，是顾客必经之地，也是商品销售最主要的地方	（1）销售量大的商品 （2）购买频率高的商品 （3）主力商品 （4）进货能力强的商品
第二磁石	穿插在第一磁石点中间，一段一段地引导顾客向前走	（1）前沿品种 （2）引人注目的品种 （3）季节性商品
第三磁石	指的是商场（超市）中央陈列货架两头的端架位置，端架是卖场中顾客接触频率最高的地方，其中一头的端架又对着入口	（1）特价品 （2）大众化的品牌、自有品牌商品 （3）季节性商品 （4）时令性商品 （5）厂商促销商品（新产品）

续表

磁石类型	位　　置	商品类型
第四磁石	通常指的是卖场中副通道的两侧，是充实卖场各个有效空间的摆设商品的地点	（1）贴有醒目的促销标志的商品 （2）廉价品 （3）大量陈列的商品 （4）大规模广告宣传的商品
第五磁石	位于收银处前的中间卖场	（1）低价展销的商品 （2）非主流商品

在卖场中，各"磁石"商品的陈列位置可用图1-11来表示。

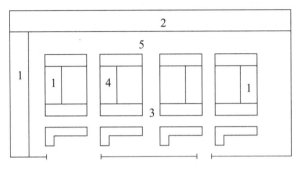

图1-11　磁石图

1—为第一磁石；2—为第二磁石；3—为第三磁石；

4—为第四磁石；5—为第五磁石

（二）各磁石的商品布置要点

各磁石的商品布置要点如下。

❶ 第一磁石

在卖场中，人们普遍认为"第一磁石"商品大多是消费者随时需要，又时常要购买的。比如，蔬菜、肉类、日配品（牛奶、面包、豆制品等），应放在第一磁石点内，可以增加销售量。

❷ 第二磁石

第二磁石商品应该是洗涤用品，这些商品具有华丽、清新的外观，能使顾客产生眼前一亮的感觉，外观效果明显。第二磁石点需要超乎一般的照度和陈列装饰，以最显眼的方式突出表现，让顾客一眼就能辨别出其与众不同的特点。同时，第二磁石点上的商品应根据需要隔一定时间便进行调整，保持其基本特征。

3. 第三磁石

第三磁石商品应该是个人卫生用品,它们常被陈列在超级市场出口对面的货架上,发挥刺激顾客、留住顾客的作用。这些商品也是高利润商品,顾客较高的购买频率保证了该类商品一定规模的销售量。第三磁石商品的作用在于吸引顾客的视线,使顾客看到配在第三磁石商品背后的辅助商品,如图1-12所示。

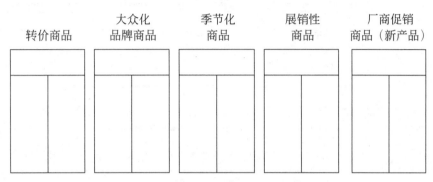

图1-12　第三磁石商品配置图

4. 第四磁石

第四磁石商品应该是其他日用小商品,它们一般被陈列在超级市场卖场的副通道两侧,以满足顾客求新求异的偏好。

为了使这些单项商品能引起顾客的注意,应在商品的陈列方法和促销方法上对顾客做刻意表达诉求,尤其要突出POP效果,比如,大量的陈列筐式陈列、赠品促销等,以增加顾客随机购买的可能性。

5. 第五磁石商品

在第五磁石位置,卖场可根据各种节日组织大型展销、特卖活动的非固定卖场,其目的在于通过采取单独一处多品种大量陈列方式,造成一定程度的顾客集中,从而烘托购物气氛。同时,展销主题的不断变化,也给消费者带来新鲜感,从而达到促进销售的目的。

停车场是商场(超市)的重要组成部分,停车场的设计方法如图1-13所示。图1-14所示为家乐福超市的停车场出入口,车辆正在出场。

图解商场超市布局与商品陈列

方法一	有一定容纳，最好是免费的停车场
方法二	停车场的规模必须根据日客流量及顾客使用各种交通工具的比率等各种因素来确定
方法三	便于顾客停车后便利地进入卖场，购物后又能轻松地将商品转移到车上
方法四	停车场通常要邻近路边，易于进出，入口处的通路要与场内通路自然相接，场内主干和支干通路宽度以能让技术不十分熟练的驾驶者安全地开动车辆为宜
方法五	步行道要朝向卖场，场内地面应有停车、行驶方向等指示性标志
方法六	停车场与卖场入口应在180度范围内，便于顾客一下车就能看到卖场

图1-13 停车场的设计方法

解说：
① 停车场应设置岗亭，负责管理车辆的出入。
② 停车场的出入口要宽敞，方便车辆通行。

图1-14 家乐福超市停车场出入口

 七、卖场广告的设计

（一）店外广告设计

1. 造型简练、设计醒目

要想让卖场给顾客留下深刻的印象，必须以简洁的形式、新颖的格调、和谐的色彩突出自己的形象，否则就会被顾客忽视。

2. 强调现场广告效果

由于商品陈列具有直接促销的特点，因而必须深入实地了解卖场的内部经营环境，研究经营商品的特色（如商品的档次、质量、工艺水平、售后服务状况、知名度等）以及顾客的心理特征与购买习惯，力求设计出最能打动消费者的商品陈列广告。

（二）店外广告设计材质

店外广告设计材质具体内容见表1-3。

表1-3　店外广告设计材质

序号	材质	特点	备注
1	纸	成本低廉、质地稳固、便于印刷，更换店面广告迅速	
2	皮革	质地稳定、便于雕刻，具有立体感，给人高贵、雅致的感觉，能充分展示产品的个性	价格比较昂贵，成本较高
3	木材	不易变形、可塑性强，陈列时间长，可反复使用	陈列需要一定的空间，不如纸质广告那么惬意
4	金属	硬度强、不透水、陈列时间长	视觉效果较差，遇到风吹雨淋时容易被侵蚀，表面会出现一层金属锈，严重影响店面广告的效果

小知识

商场（超市）在制作店内广告时，要根据实际情况，选择最合适的材质，力求达到最佳的广告效果。

第二节　商场（超市）内部设计

一、橱窗设计

橱窗是商场（超市）用于展示商品的部位，顾客通过橱窗，可以直观地看到

具体的商品陈列情况。

（一）橱窗设计要点

橱窗的设计、装饰、陈列可以说是一种艺术，应当由专业人员来进行。橱窗的主要设计要点如下。

（1）橱窗原则上要面向客流量大的方向。

（2）橱窗可以多采用封闭式的形式，与商品、整体建筑和卖场相适应，既美观，又便于管理商品。

（3）为了确保收到良好的宣传效果，橱窗的高度要保证成年人的眼睛能够清晰地平视到，一般要保持在80～130厘米。小型商品可以放高一点，从100厘米高的地方开始陈列，大型商品则摆低一点，根据人身的高度相应调整。

（4）道具的使用越隐蔽越好。

（5）灯光的使用一是越隐蔽越好，二是色彩需要柔和，避免使用过于复杂、鲜艳的灯光。如果橱窗里安装了日光灯，连遮蔽也没有，这样顾客所看见的不会是陈列商品，而是刺眼的灯光，就会影响顾客的注意力。

（6）背景一般要求大而完整、单纯，避免小而复杂的烦琐装饰，颜色要尽量用明度高、纯度低的统一色调，即明快的调和色。

（7）以大面积的透明玻璃使人一眼就能看到卖场内部。

（二）橱窗设计的注意事项

（1）努力追求动感和艺术美，以新奇的设计吸引顾客。

（2）通过一些生活场景使顾客感到亲切自然，产生共鸣。

（3）努力反映卖场及其所经营商品的特色，使顾客过目不忘，印入脑海。

（4）橱窗横向中心线最好能与顾客的视平线相齐，这样，整个橱窗所陈列的商品就都在顾客视野中。

（5）必须考虑防尘、防热、防淋、防晒、防风、防盗等，要采取相关的措施。

（6）应尽量少用商品做衬托、装潢或铺底；除根据橱窗面积注意色彩调和、高低疏密均匀外，商品数量不宜过多或过少。

（7）要做到使顾客从远处、近处、正面、侧面都能看到商品全貌。

图1-15所示是某超市的橱窗，用于展示某品牌的服装，使经过橱窗的顾客很方便地看到。

解说：
① 橱窗设计应力求美观、简洁。
② 列出陈列商品的名称，方便顾客辨认。

图1-15　某超市的橱窗

二、标志的设计

（一）标志类型

卖场标志类型见表1-4。

表1-4　卖场标志类型

类　型	具体内容	特　　点
文字标志	由各种文字、字母等单独构成	标志发音清晰，具有易呼易记的特点，适用于多种传播方式
图案标志	无任何文字，单独用图形构成的标志	用图案标志形象生动，色彩明快，而且不受语言的限制，易于识别
组合标志	采用各种文字、图形、字母等交叉组合而成的标志	利用和发挥了文字标志和图案标志的特点，图文并茂，形象生动，引人注目，便于识别，易于被广大消费者所接受

（二）卖场标志设计要求

（1）要有创新意识，做到构图新颖别致，富于个性化，与其他卖场的标志区别开来，这样的标志图案才能感染人，产生深刻影响。

（2）含义应该深刻，能够体现出卖场的个性特点、精神风貌、独特品质、经营理念、经营范围等。

（3）保持稳定期，卖场的标志一旦确定，在相当长的一个时期应该保持稳定，不可多变。

（4）卖场的标志设计应逐步国际化、统一化。

（5）卖场的标志设计必须符合有关法律法规的要求。

三、墙壁的设计

卖场的墙壁在设计上应与所陈列商品的色彩及内容协调、与卖场的环境和形象适应，一般有下列5种设计方法。

（1）壁面上架设陈列柜，以摆放、陈列商品（多用于食品店、文具店、杂货店、书店、药店等）。

（2）壁面上安置陈列台，作商品展示处（多用于各类服饰店、家用电器店等）。

（3）壁面上装简单设备，以悬挂商品、布置展示品（多用于各类电器店、服饰店）。

（4）壁面上安一些简单设备，作装饰用（多用于家具店等主要在地面展示商品的卖场）。

（5）壁面的材料应以经济实用为原则，比如在纤维板上粘贴印花饰作为墙面，便于安装、拆卸。

四、地板的设计

（一）地板的图形设计

地板的图形设计一般有刚柔两种选择，如图1-16所示。

直线条组合	以正方形、矩形、多角形等直线条组合为特征的图案带有阳刚之气，比较适合以男性消费者为主的卖场使用
曲线组合	以圆形、椭圆形、扇形和几何曲线等组合为特征的图案带有柔和之气，比较适合以女性消费者为主的卖场使用

图1-16　地板的图形设计种类

（二）地板材料选择

地板的装饰材料，一般有瓷砖、塑胶地砖、石材、木地板以及水泥等。主要考虑的是卖场形象设计的需要、材料的费用和大小、材料的优缺点等几个因素。对各种材料有清楚的了解，才有利于做决定，地板材料特点具体见表1-5。

第一章 商场（超市）布局管理

表1-5 地板材料的特点

序号	品　名	优　　点	缺　　点
1	瓷砖	品种、颜色多，形状可自由选择，耐水、耐火、耐腐蚀且相当持久	保温性差、硬度较弱
2	塑胶地砖	价格适中，施工方便，颜色丰富，为一般商场（超市）采用	易被烟头、利器和化学品损坏
3	石材地板	华丽、堂皇、装饰性好，耐水、耐火、耐腐蚀	价格较高
4	木地板	柔软、隔寒、光泽好	易弄脏、易损坏，故对顾客出入次数多的卖场不太合适

五、天花板的设计

在设计天花板时应考虑以下要点。

（一）高度

（1）如果天花板太高，上部空间就太大，使顾客无法感受到亲切的气氛。

（2）如果天花板过低，会令顾客有压抑感。

一般情况下，天花板的高度是根据营业面积而定的，宽敞的卖场应适当高一些，狭窄的卖场则应低一些。

（二）形状

（1）天花板一般为平面，但在其上面加点变化，对于顾客的心理、陈列效果、店内气氛等都有很大影响。

（2）常用的天花板有以下形状：格子形天花板、圆形天花板、垂吊式天花板、波形天花板、半圆形天花板、金字塔形天花板、倾斜天花板、船底形天花板等。

（三）照明设备相配合

（1）天花板或以吊灯和外露灯具装饰，或以日光灯安置在天花板内，用乳白色的透光塑胶板或蜂窝状的通气窗罩住，做成光面天花板。光面天花板可以使店内灯火通明，但也会造成逆光现象，如与垂吊灯结合则会克服此缺点。

（2）天花板装修时在选用材料方面，除了要考虑经济性和可加工性外，还要根据卖场特点考虑防火、消音、隔热、耐久等要求。

六、照明的设计

（一）照明的类型

在设计卖场的照明时，通常按照基本照明、重点照明和装饰照明三种照明来具体设计。

（1）基本照明。基本照明是确保整个卖场获得一定的能见度而使用的照明。在商场（超市）里，基本照明主要用来均匀地照亮整个卖场。比如，天花板上使用荧光灯、吊灯、吸顶灯就是基本照明。

（2）重点照明。重点照明也称为商品照明，它是为了突出商品优异的品质，增强商品的吸引力而设置的照明。常见的重点照明有聚光照明、陈列器具内的照明以及悬挂的白炽灯。在设计重点照明时，要将光线集中在商品上，使商品看起来有一定的视觉效果。

比如食品，尤其是烧烤及熟食类应该用暖色光的灯具照明，可以增强食品的诱惑力和色彩的亮丽。

（3）装饰照明。装饰照明是为求得装饰效果或强调重点销售区域而设置的照明，是塑造视觉形象的一种有效手段，被广泛地用于表现独特个性。常见的装饰照明有霓虹灯、弧形灯、枝形吊灯以及连续性的闪烁灯等。

（二）不同区域照明设计的要求

在设计卖场照明时，并不是越明亮越好。在不同区域，如橱窗、重点商品陈列区、通道、一般展示区等，其照明光的强度（即照度）是不同的，具体要求如下。

（1）普通走廊、通道和仓库，照度为100～200勒克斯。

（2）卖场内一般照明、一般性的展示以及商谈区，照度为500勒克斯。

（3）卖场内重点陈列品、POP广告、商品广告、展示品、重点展示区、商品陈列橱柜等，照度为2000勒克斯，其中对重点商品的局部，照度最好为普通照明度的3倍。

（4）橱窗的最重点部位，即白天面向街面的橱窗，照度为5000勒克斯。

（三）照明的方式

❶ 光与色

白炽灯耀眼而显得热烈，荧光灯柔和，一般卖场都是两者并用。从商品色彩来看，冷色（青、紫）用荧光灯较好，暖色（橙、黄）用白炽灯更能突出商品的鲜艳。服装、化妆品、蔬菜、水果等使用白炽灯、聚光灯则能很好地突出商品的色彩，创造气氛。

❷ 光源的位置

不同位置的光源给商品所带来的气氛有很大的差别，如图1-17所示。

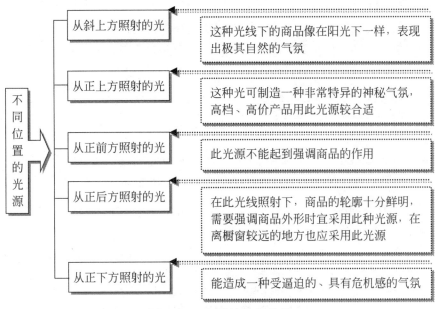

图1-17 光源的位置作用

❸ 照明的方位

在整体照明方式上，要视卖场的具体条件配光，灯光的使用上可采用以下方式。

（1）直接照明。光源垂直往下或直接照在陈列商品上，在需要高亮度的大型卖场中使用。

（2）间接照明。又称建筑化照明，是将光源隐藏在天花板、墙壁内，借着反射的亮度照明，在中小型卖场用得多。

（3）半间接照明。利用托架照明、垂吊照明之类的器材，借着天花板、墙壁反射光源照明，专卖店、小型卖场多采用此法。

（4）集束照明。采用几组灯光交叉射向某处。

（5）彩色照明。利用彩色灯泡，或将彩色光片加在灯前，变化出不同色彩的灯光。

❹ 注意事项

照明设计要注意防止照明对商品的损害。有时候，当顾客拿起商品时才发现商品有些部分已褪色、变色，这样不仅商品失去了销售的机会，同时也使卖场的信誉大打折扣。为防止因照明而引起商品变色、褪色、变质等类似事件的发生，则应经常留心以下事项。

（1）商品与聚光性强的灯泡之间的距离不得少于30厘米，以免光线的热量灼烧导致商品褪色、变质。

（2）要经常查看资料和印刷品是否有褪色和卷曲的现象。

（3）由于食品在短时间内容易变色、变质，所以要远离电灯。

七、声音的设计

卖场内部的声音对顾客的购物情绪有着很大的影响，因此，商场（超市）必须做好对声音的设计工作，为顾客创造一个良好的购物氛围

（一）音乐的选择

音乐的选择方法如图1-18所示。

主要销售对象	由于人的听觉差异较大，特别受年龄因素影响较大，因此，必须根据卖场的主要销售对象而控制音乐和广告播放的响度
时间段	每天正式营业前，先播放几分钟幽雅恬静的乐曲，然后再播放振奋精神的乐曲效果较好，在交班前或临近营业结束时，播放的次数要频繁一些，乐曲要明快、热情，带有鼓舞色彩
歌曲选择	卖场是选择外国音乐还是流行新歌、是播放民族乐曲还是交响乐，要看经营什么商品、店内风格如何以及在什么时段、想达到什么效果

图1-18 音乐的选择方法

一般情况下，卖场宜采用优雅轻松的轻音乐。乐曲的音量应控制为既不影响用普通声音说话，又不致被噪音所淹没。播放时间控制在一个班次播放两小时左右。

（二）克服"噪音"

克服"噪音"的措施如图1-19所示。

克服卖场外部声音	来自卖场外的车辆、行人的喧闹声，对卖场内顾客产生着不同程度的负面影响，是应当消除的噪音，一般来说，小型卖场对这种噪音的控制水平较低，但也要尽可能通过隔音或消音设备尽量消除
克服卖场内或在柜台上产生的各种声响	这些声音从局部看，大多是有益的，如顾客与营业员的交谈，以及挑选时的试听、试用、试戴等产生的声响，但各种声音间的相互影响和交织极易变成噪音，形成对其他顾客的干扰，使顾客形成该卖场购物环境差的印象

图1-19 克服"噪音"的措施

小知识

如需要营造一个安静购物环境的商品，应集中摆放或布置在高层或深处，以使其有一个相对安静的购物空间。

八、色彩的设计

（一）色彩感觉

色彩的冷暖是人们对色彩的最基本的心理感受。在掺入了人们复杂的思想感情和各种生活体验之后，色彩也就变得富有人性和人情味了。色彩与色彩感觉的关系见表1-6。

表1-6 色彩与色彩感觉

色彩	色彩感觉与色彩感情	色彩	色彩感觉与色彩感情	色彩	色彩感觉与色彩感情
红	热，刺激	紫	中性，少刺激	青绿	冷，很安静
绿	凉，安静	橙	暖，较刺激	紫青	较冷，较刺激
青	较冷，较刺激	黄绿	中性，较安静	紫红	稍暖，较刺激

一般来说，暖色给人以温暖、快活的感觉，冷色给人以清凉、寒冷和沉静的感觉。如果将冷暖两色并列，给人的感觉是：暖色向外扩张，前移；冷色向内收缩，后退。了解这些规律，对卖场购物环境设计中的色彩处理是很有帮助的。

（二）商品形象色

在人们的印象中，不同商品具有不同的色彩形象，对此在设计卖场购物环境时一定要考虑到，并给予正确处理。一些大类商品的习惯色调见表1-7。

表1-7　大类商品的习惯色调

商品大类	色彩感觉与感情	色彩运用
服装	时尚与适合	男性服装取明快的色调 女性取和谐、柔和的色调
食品	安全与营养	多采用暖色调
化妆品	护肤与美容	多用中性色调和素雅色调
工矿、机电产品	科学、实用与效益	多用稳重、沉静、朴实的色调
玩具和儿童文具	兴趣与活泼	多用鲜艳活泼的对比色调
药品	安全与健康	多用中性色调

（三）顾客的性别、年龄、文化与色彩偏好

顾客的性别、年龄、文化状况等与卖场环境的色彩有着密切的关系。

文化水平较低或经济不发达地区的顾客偏爱比较鲜艳的颜色，尤其是纯色，配色也多为强烈的对比色调；经济发达或文化教育水平较高的国家或地区的顾客则对相对富丽、柔和的色调和浅淡的中间色有兴趣。

因为人们的习惯偏好是由多种因素综合作用的，在一定文化水平下，不同年龄段的人，对色彩的兴趣偏好也不尽相同，具体见表1-8。

表1-8　年龄与色彩偏好对比表

年龄段	偏爱的色彩
幼儿期	红色、黄色（纯色）
儿童期	红色、蓝色、绿色、黄色（纯色）

续表

年龄段	偏爱的色彩
青年期	蓝色、红色、绿色
中年期	紫色、茶色、蓝色、绿色
老年期	茶色、深灰色、暗紫色

（四）注意事项

1. 色彩运用要与商品本身色彩相协调

店内的货架、陈列台必须为商品的销售提供色调的支持，以衬托商品、吸引顾客。比如，化妆品、服装店等应使用淡雅、洁净的色调；音像制品、玩具、礼品店等应使用浓艳、对比强烈的色调。

2. 使用对比色

比如背景为黄色的墙壁，若陈列同色系的黄色商品时，不但看起来奇怪，且容易丧失商品价值。由此可见，如果陈列相反色系的对比色，如黑与白、红与白、黄与红等，商品会更加鲜明，从而吸引顾客的视线。

九、气味的设计

（一）相关商品气味

卖场中的气味大多是与商品相关的，特别是在专柜中更为突出，如卖花处的花香气味、皮革处的皮革气味、茶叶处的清香味等。不少顾客正是以卖场散发出的气味来判断其商品的质量状况的。

（二）气味的积极作用

在卖场中，顾客对化妆品专柜的香气、对食品的香味、对刺激人的感官神经的诱人气味等，都能产生积极的心理反应。商品与其气味的协调，显然对引起顾客兴趣、刺激顾客消费有积极的作用。

（三）气味的消极作用

当然，对各种商品所释放的气味或卖场有意释放气味的浓度，要注意与顾客嗅觉相适应，即控制在顾客乐于接受的或能产生积极效果的气味范围，因为过强的刺激一样会使人厌恶，引起反感。

小知识

卖场对气味的密度（强度）也必须与它的种类一并考虑，如果是不好的气味，卖场应当用空气过滤设备力求降低它的密度（强度）。

十、通风设备的设计

卖场内顾客流量大，空气极易污浊，为了保证店内空气清新通畅、冷暖适宜，应采用空气净化措施，加强通风系统的建设。

（一）通风方式的选择

通风方式可以分自然通风和机械通风，如图1-20所示。

通风方式	说明
自然通风	采用自然通风可以节约能源，保证卖场内部适宜的空气，一般小型卖场多采用这种通风方式
机械通风	规模较大的卖场，在建造之初就普遍采用紫外线灯光杀菌设施和空气调节设备，改善卖场内部的环境质量，为顾客提供舒适、清洁的购物环境

图1-20　通风方式

（二）空调控制

（1）卖场的空调应遵循舒适性的原则，冬季应达到温暖而不燥热，夏季应达到凉爽而不骤冷，否则会对顾客和卖场员工产生不利的影响。因此在使用空调时，维持舒适的温度和湿度是至关重要的。

（2）如冬季暖气开得很足，顾客从外面进卖场都穿着厚厚的棉毛衣，在店内待不了几分钟都会感到燥热无比，结果往往来不及仔细浏览就匆匆离开，这无疑会影响销售。

（3）夏季冷气习习，顾客从炎热的外部进入卖场，会有乍暖还寒的不适应感，抵抗力弱的顾客难免出现伤风感冒的症状。

（三）空调机组类型的选择

（1）根据卖场的规模大小来选择。小型卖场可以设分立式空调，规模较大的卖场可以采用中央空调，特别要注意一次性投资的规模和长期运行的费用承受能力。

（2）卖场空调系统热源选择既要有投资经济效益分析，更应注意结合当时的热能来源，如果有可能采取集中供热，最好充分予以运用。

（3）卖场空调系统冷源选择要慎重，是风冷还是水冷、是离心式还是螺旋式制冷，都要进行经济论证，特别要注意制冷剂使用对大气污染的影响。

（4）在选择空调系统类别时，必须考虑电力供应的程度，详细了解电力部门允许使用空调系统电源的要求，避免出现设备闲置的状况。

（5）卖场的空气相对湿度一般参数保持在40%～50%左右，更适宜在50%～60%左右，该湿度范围使人感觉比较舒适。对经营特殊商品的营业场所和库房，则应严格控制环境湿度，严防腐坏情况的发生。

十一、标示用设施的设计

标示用设施包括指示图、商品别的标示、机动性指标等，其设计要点如图1-21所示。

指示图	进入卖场的指示图让消费者在进门时就可初步了解自己所要购买的商品的大概位置
商品别的标示	商品别的标示，如蔬菜、水产等，现在的卖场都用较矮的陈列架，消费者可一目了然地看到商品的确实位置
机动性指标	各商品位置也有机动性的指标，如特价商品等，其上方悬挂各项促销海报、POP或布置气氛用的设施等

图1-21 标示用设施设计要点

不管用何种标示用设施，都应考虑出入口、紧急出口等引导顾客出入的标示是否显而易见，及各部门的指示标志是否明显、气氛布置设施是否容易使用、广告海报是否陈旧破烂等。

十二、收银台的配置与设计

卖场收银台的数量应以满足顾客在购物高峰时能够迅速付款结算为出发点。大量调查表明,顾客等待付款结算的时间不能超过8分钟,否则就会产生烦躁的情绪。在购物高峰时期,由于顾客流量的增大,卖场内人头攒动,无形中就加大了顾客的心理压力,此时,顾客等待付款结算的时间更要短些,使顾客快速付款,走出店外,缓解压力。

十三、存包处的设计

存包处一般设置在卖场的入口处,配备2～3名工作人员。顾客进入卖场时,首先存包领牌,完成购物以后再凭牌取包。现在许多规模大的卖场都设有自助式的存包服务,顾客自己存包、自己取包,减少了等待时间。

不论采用何种形式的存包方式,都应该是免费的,否则会引起顾客的反感,直接影响到卖场的销售业绩。

学习回顾

经过本章内容的学习,想必您已经掌握了不少学习心得,请仔细填写下来,以便继续巩固学习。同时,如果您在学习中遇到了一些难点,也请如实写下来,然后可以进行重复学习,以彻底解决学习难点。

学习心得	学习难点
1._____	1._____
2._____	2._____
3._____	3._____
4._____	4._____
5._____	5._____

第二章 商品基本陈列要求

> **学习目标**
>
> 1. 了解如何对卖场陈列区进行划分。
> 2. 了解如何标明陈列信息。
> 3. 了解如何以最简洁的方式陈列商品。

第一节 商品陈列基础

一、卖场陈列区的划分

在商场（超市）的卖场里，商品陈列的主要区域分为货位区、走道区、中性区和端架区等几部分，具体分布如图2-1所示。

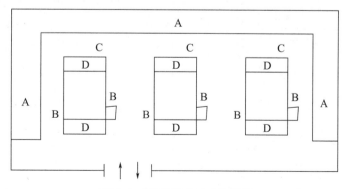

图2-1 商品陈列主要区域

图示说明如下。

（1）A表示货位区。商场（超市）中的大多数商品都被陈列在正常的货位区，摆放在美观、整洁的货架上，以供顾客浏览、选购。

（2）B表示走道区。为了吸引顾客的注意力，突出一些商品独特的个性以及售点促销的效果，在卖场的大通道中央摆放一些平台或筐篮，陈列价格优惠的商品。

（3）C表示中性区。中性区是指卖场过道与货位的临界区，一般进行突出性商品陈列，比如在收款台附近摆放一些小商品。

（4）D表示端架区。端架区是指整排货架的最前端或最后端，即顾客流动线转弯处所设置的货架，常被称为最佳陈列点。端架区所处位置优越，很容易引起顾客的注意，常常陈列一些季节性商品、包装精美的商品、促销商品或新上市的商品。

二、卖场陈列高度与销售效果

一般来说，与顾客视线相平、直视可见位置是最好的位置。货架上的商品陈列效果会因视线的高低而不同，在视线水平而且伸手可及的范围内，商品的销售效果最好，在此范围内的商品，其销货率为50%，随视线的上升或下移，销售效果会递减。

国外的一项调查结果显示，商品在陈列中的位置进行上、中、下三个位置的调换，商品的销售额会发生如表2-1所示的变化。

表2-1 商品陈列高度与商品销售额变化统计表

变化范围	销售额变动幅度
"中段"到"上段"	+63%
"中段"到"下段"	-40%
"下段"到"中段"	+34%
"下段"到"上段"	+78%
"上段"到"下段"	-32%
"上段"到"中段"	-20%

表2-1中的结果是用同一种商品来进行测试的,它是几种典型商品的试验结果,因此不能作为一种绝对数据来运用,但"上段"陈列位置的优越性是显而易见的。

以高度为170厘米的货架为例,将商品的陈列位置进行细分,如图2-2所示。

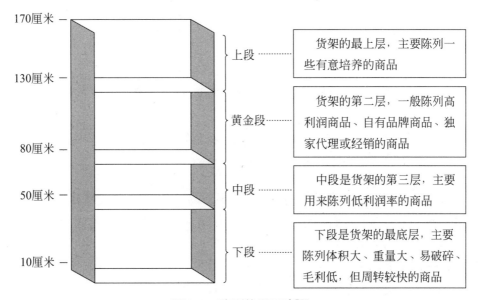

图2-2 陈列位置示意图

 三、标明陈列信息

标准化陈列要求顾客能够很方便地寻找到所需的商品,这就需要商场(超市)标明陈列信息。标明陈列信息主要有以下3个办法。

(1)在卖场入口处安置区域分布图。通常,大型的商场(超市)入口处都有本卖场区域的分布图,方便顾客找到自己想要的商品。

(2)在每一个区域挂上该区域的名称,如蔬菜区、日化区等,这样,顾客就能通过这些指示牌很容易找到自己所要选购的商品位置,其说明图如图2-3所示。

(3)方便顾客选择、购买。方便顾客选择、购买是指要根据商品的特性来决定什么样的商品应该放在什么样的位置。

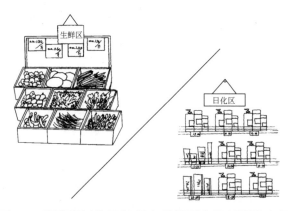

图2-3　顾客通过指示牌很容易找到自己所需的商品

四、以最简洁的方式陈列商品

以最简洁的方式陈列就是指使陈列"显而易见"。显而易见就是要使顾客很方便看见、看清商品。商品陈列是为了使商品的存在、款式、规格、价钱等在顾客眼里"显而易见"。

（一）具体措施

商场（超市）要使商品显而易见需做好以下7点工作。

（1）为了让顾客注意到商品，陈列商品首先要"正面朝外"。

（2）不能用一种商品挡住另外一种商品，即便用热销商品挡住冷门商品也不行，否则顾客连商品都无法看见，还何谈销售业绩？

（3）陈列在下层货架的商品不易被顾客看见，所以，理货员在陈列商品时，要把货架下层的商品倾斜陈列，这样一来方便顾客看到，二来方便顾客拿取。

（4）货架高度及商品陈列都不应高于1.7米，同时货架与货架之间保持适当距离，以增加商品的可视度，如图2-4所示。

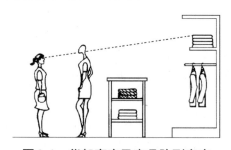

图2-4　货架高度及商品陈列高度

（5）让商品在顾客眼里"显而易见"首先要选择一个顾客能一眼看到的位置。

（6）商品陈列中，色彩的和谐搭配能使商品焕发异样的光彩，使商品更醒目，吸引顾客购买。

（7）商品陈列时要讲求层次问题。所谓商品陈列的层次，就是在分类陈列时，不可能把商品的所有品种都陈列出来，这时应把适合本店消费层次和消费特点的主要商品品种陈列在卖场的主要位置，或者将有一定代表性的商品陈列出来，而其他的品种可陈列在卖场位置相对差一些的货架上。

（二）能够让顾客"显而易见"的陈列位置

能够让顾客"显而易见"的陈列位置如图2-5所示。

卖场进门正对面	通常顾客在进入卖场时会在无意识情况下立即开始扫视卖场内的商品，所以，卖场进门正对面是顾客最容易看见的位置，通常卖场会在进门的地方大量陈列促销商品
柜台后面与视线等高的货架位置	柜台后面与视线等高的位置是顾客最容易关注到的位置，通常顾客在选购商品时眼光第一时间扫视的就是柜台后面与视线等高的位置，所以营业员一定要把利润高、受顾客欢迎、销路好的商品陈列在此位置
与视线等高的货架	商场（超市）通常使用货架陈列商品，这样能增加陈列面积，货架上与人视线等高的位置最容易被顾客看见，所以也成为货架上的黄金陈列位置，一般在货架的黄金陈列位置（85~120厘米之间）陈列销路好、顾客喜欢购买、利润高的商品
货架两端的上面	因为顾客在货架的一头很容易看见货架的另外一头，所以货架两端的上面也是容易被顾客看见的位置
墙壁货架的转角处	墙壁货架的转角处因为同时有更多商品进入顾客眼里，所以也是顾客容易关注的位置
磅秤、收银机旁	顾客在排队等候称量、交款的时候会有闲暇时间四处张望，所以在磅秤、收银机旁的商品容易为顾客所关注和发现
顾客出入集中处	顾客出入集中说明顾客流量大，人多必然被关注的机会多，所以顾客集中的地方商品容易被顾客看到

图2-5 能够让顾客"显而易见"的陈列位置

五、确保拿放方便

商品陈列不仅要使顾客方便"拿",还要使顾客方便"放"。营业员在陈列商品时,要使顾客拿放方便则要做好以下6点。

(1)货架高度不能太高,最好不要超过170厘米。如果货架太高,顾客拿的时候很吃力,还要冒着摔坏商品的危险,最终肯定会选择放弃。

(2)通常,商品之间的距离一般为2~3厘米为宜;商品与上段货架隔板距离保持可放入一个手指的距离为最佳,这样方便顾客拿取和放回,其说明图如图2-6所示。

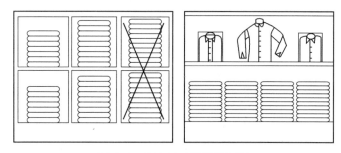

图2-6 商品之间留下空隙

(3)货架层与层之间有足够的间隔,最好是保持层与层之间能够有容得下一只手轻易进出的空隙,太宽,会令顾客产生商品不够丰富的错觉。

(4)易碎商品的陈列高度不能超过顾客胸部。如瓷器、玻璃制品、玻璃瓶装商品的陈列高度应该以一般人身高的胸部以下为限度。陈列太高的话,顾客担心摔碎后要他赔偿,所以不放心去拿取观看,这样就阻碍了商品的销售,其说明图如图2-7所示。

图2-7 易碎商品的陈列高度说明图

（5）重量大的商品不能陈列在货架高处，顾客一来担心拿不动摔坏商品，二来担心伤到自己，所以重量大的商品应该陈列在货架的较低处。

（6）鱼、肉等生、熟食制品要为顾客准备夹子、一次性手套等，以便让顾客放心挑选满意的商品，这样可在更大程度上促进销售。

六、实施标准化陈列

（一）标准化陈列的目的

通过视觉来打动顾客的效果是非常显著的，商品陈列的优劣决定着顾客对商场（超市）的第一印象，而商品的标准化陈列也是公司标准化管理的重要内容。

这里所说的商品标准化陈列是指根据一定的陈列原则和陈列方式制定商品标准化陈列配置表，商场（超市）据此将商品摆放到规定位置，从而达到各商品陈列的一致化，实现品类管理标准化、数据化、科学化，从而提高销售业绩，提升商场（超市）形象。

标准化陈列的目的如图2-8所示。

服务于销售	商品陈列最主要的功能就是通过商品的外在形式（如整齐、纵向、丰满及量感、颜色）、商品（品类）的集中陈列及关联陈列等为顾客提供便利性，促使顾客购买
实现商品陈列排面管理和畅销商品的保护管理	商品标准化陈列管理使每一种商品在货架上的陈列位置及所占的排面数确定下来，加强陈列的规则性，防止胡乱陈列和盲目陈列；通过事前规划给周转快的、畅销的、毛利高的以及重点商品留有较好的陈列位置、较多的排面数，提高销售额，防止形成滞销品驱逐畅销品的状况
有助于实施品类管理	每个商场（超市）的卖场面积是有限的，所陈列的商品品类数目也有限，为此要有效控制商品的品类数，使卖场效率得以正常发挥，实现对每个品类有计划的数据化、科学化管理

图2-8　标准化陈列的目的

（二）商品标准化陈列管理的实施要求

商品标准化陈列管理是一项全新的管理工作，也是一个长期的管理工作，为实现标准化陈列，商场（超市）可以制定相关陈列制度，以制度形式保障此工作的顺利开展和高效执行。

一定要屏弃单纯追求视觉效果而忽视销售达成率，陈列最主要还是为了销售，提升销售业绩，为商场（超市）创造利润。

第二节　商品陈列基本方法

一、集中陈列法

集中陈列法是商场（超市）商品陈列中最常用和使用范围最广的方法。它是把同一种商品集中陈列于一个地方，给顾客造成一种供货充足、价廉物美的感觉，激发顾客的购物欲望。这种方法最适合周转快的商品。

二、整齐陈列法

整齐陈列法是指将商品按一定层面整齐堆放在一起的方法。它是一种非常简洁的陈列方法，通常按照货架的尺寸确定商品的排面数，整齐地排列堆积即可。其目的在于突出商品的量感，使顾客感觉到该商品在数量上非常充盈，以调动顾客的购买欲望。

在卖场里，饮料、罐装啤酒常用这种陈列方式，另有些季节性商品、折扣商品、购买频率高和购买量大的商品也常用这种陈列方法，在运用时，需要注意商品必须是能压的。

图2-9所示是某商场的陈列现场，货架上，各类商品整齐陈列，给顾客营造一种非常整齐、美观的感觉。

解说:
① 各种商品按类别进行陈列。
② 每类商品与其价格签必须一一对应。

图2-9　整齐陈列法

盘式陈列法实际上是整齐陈列法的一种变形,它不像整齐陈列法那样将商品从包装纸箱中一件一件取出,再整齐地堆积起来,而是将包装纸箱的上半部分剪去,以盘为单位,将商品一盘一盘地堆上去。

盘式陈列法是为了突出商品的量感,告诉消费者该商品是可以整箱出售的。在实际操作中,有的理货员只剪去了商品包装纸箱的$\frac{1}{3}$部分,露出纸箱中的一排商品即可。这种陈列方法也常用来陈列饮料、啤酒等商品。

图2-10所示为某商场的日用品的陈列现场,堆头上阵列着某品牌洗洁精。

解说:
① 陈列时,商品排列要紧密,要确保安全。
② 商品排列要整齐、美观。

图2-10　某商场的日用品陈列现场

"两端"是指卖场中央货架的两头。中央陈列架两端的顾客流量最大,顾客往返时都要经过。

"两端"陈列的商品,可以是单一商品,也可以是不同商品的组合。单一商品最好是全国性品牌商品,这种商品具有较高的知名度,消费者常常会认牌购买,流转速度快、利润高。另外,几种不同商品的组合,在包装图案、颜色上相互搭配,能产生良好的视觉效果,在效用上互为补充或替代,有时也可以产生"陪衬"效果,可以很好地刺激消费者的购买欲望,实现扩大销售的目的。

小知识

"两端"是陈列商品的黄金地段,是卖场内最能吸引顾客注意力的地方。"两端"陈列的商品通常是高利润商品、特价品、新商品或全国性品牌商品,也可以是流转非常快的推荐品。

五、岛式陈列法

在卖场的入口处、中部或底部,有时不设置中央陈列架,而配置以特殊陈列用的展台,这种陈列方法就称为岛式陈列法。

常见的岛式陈列法的用具主要有直径较大的网状货筐、冰柜和平台。前述的两端陈列法可以使顾客从三个方面看到陈列的商品,而使用岛式陈列法,顾客则可以从四个方面取到所陈列的商品,其效果是非常好的。

由于岛式陈列的位置一般在卖场的入口处、中部或底部,所以它的高度不能超过普通消费者的肩部以上,否则就会影响整个卖场的视野。岛式陈列的商品应该是颜色鲜艳、包装精美的特价品、新商品,这样才能起到招徕顾客的作用。

图2-11所示为某商场生鲜部门陈列现场,采用岛式陈列,显得量多,容易引发顾客的购买欲望。

解说:
① 要陈列成小岛的形状,创造良好的层次感。
② 要注意防止商品滚落到地上,必要时可以增加围栏。

图2-11 某商场的生鲜部门陈列现场

六、突出陈列法

突出陈列法也称为突出延伸陈列法,是指在卖场的中央陈列架的前面突出来一部分,用来陈列特殊商品的方法。

突出陈列法不仅打破了一般陈列的单调感,而且扩大了货架的陈列量,并将商品强迫式地映入顾客的眼中。突出陈列法有多种做法,有的在中央陈列架上附加延伸架,据调查这可以增加180%的销售量;有的将商品直接摆放在紧靠货架的地上,但其摆放高度不能太高,否则就会影响背后的货架陈列。

七、悬挂陈列法

悬挂陈列法是指将形状扁平、细长等无立体感的商品悬挂起来陈列的一种方法。悬挂陈列能使顾客从不同的角度来欣赏商品,具有化平淡为神奇的促销作用。有些商品由于物理性方面的限制,其外观平淡无奇,不足以打动消费者,运用悬挂陈列可以增加它的观赏性,加大销售的可能性。

八、定位陈列法

定位陈列法是指在卖场中,某些商品的陈列位置一经确定,在相当一段时期内便不会发生变化的一种陈列方法。在实际经营活动中,一些品牌商品需要运用定位陈列,因为这些商品具有较高的品牌知名度,有一大批忠实顾客,他们常常是认牌购买。

他们只要知道这些商品的陈列位置就会直奔主题,无需再花费时间与其他品牌商品进行比较。在卖场陈列架上,品牌商品的占用空间不用太大,只要品牌标志醒目就可以了。这类商品流转比较快,并且占用陈列空间小,货架上的储量少,因此需要理货员勤上货。

九、比较陈列法

比较陈列法是指将同一品牌的商品,按不同规格、不同数量进行分类,然后陈列在一起,让顾客通过数量和价格方面的比较来选择购买的一种陈列方法。

比较陈列法是在同一品牌商品的不同规格之间进行比较,让顾客分辨哪种价格更为便宜,以满足其求廉的心理,从而达到促销的目的。如不同规格的雪碧,有罐装的、桶装的、6罐装的、12罐装的等,单位容量的价格都有不同幅度的差异。

图2-12所示为某商场的商品陈列现场,采用的是比较陈列法,将同一品牌的商品,按不同规格、不同数量进行分类陈列。

解说:
① 商品应整齐陈列在通道旁。
② 每件商品应标明价格、规格。

图2-12 用比较陈列法陈列商品现场

十、关联陈列法

关联陈列也称配套陈列,即将种类不同但效用方面相互补充的商品陈列在一起,或将与主力商品都有关联的商品陈列于主力商品的周围以吸引并方便顾客购买的陈列方法。比如,将浴液与洗发水、香皂与香皂盒、皮鞋与鞋油放在一起,顾客在购买了A商品以后,顺便会购买旁边的相关商品B或C。

关联陈列的适用范围如图2-13所示。

用途上的关联	如空调、电视、影碟、立体音响、录像等商品相邻陈列;再如在销售家庭装饰用品时,把地毯和地板装饰材料、壁纸、吊灯等共同布置成一个色调和谐、图案美观、环境典雅的家庭环境,形成一种装饰材料的有机组合,让顾客在比较中感受到家庭装饰对居住环境的美化作用
附属上的关联	旅行用品如电动刮胡刀、电吹风、照相机、望远镜等
年龄上的关联	如老年用品助听器、按摩器、小型电器、电热毯、频谱仪等
商标上的关联	陈列商品以商标为纽带进行系列陈列,如强生(Johnson & Johnson)用品系列有婴儿润肤露、婴儿无泪洗发水、婴儿爽身粉、洗面露、面部调理液、面部凝露等产品可摆放在一起

图2-13 关联陈列的适用范围

第二章 商品基本陈列要求

 **小知识**

运用关联陈列法时要注意：相邻商品必须是互补商品，确保顾客产生连带购买行为。关联陈列法增加了卖场陈列的灵活性，加大了商品销售的机会，但陈列商品的类别就应该按照消费者的需要进行划分，如卧室用品、卫生间用品、厨房用品等。

十一、接触陈列法

接触陈列法是使顾客能够直接接触到商品，通过实际的接触，直接刺激顾客的感觉器官，这样常常能够取得更好的成果。

如销售服装、鞋帽的部门，如果不让顾客接触商品，不让试穿、试戴，光凭视觉，是无法让顾客放心购买的。

使用接触陈列法时应注意对易碎商品的保护，如玻璃、瓷器等器皿应该放在稳妥的位置，防止顾客不经意地触碰而被打破，既损坏了促销品，也易伤到顾客。

十二、季节陈列法

季节陈列法强调围绕季节来进行货品陈列。这种陈列法常常把突出的季节性商品陈列在橱窗、展台的中心位置或商品前列等引人注目的地方。

季节陈列法也适用于节日陈列。在节假日促销活动中，促销人员可根据节日特点及促销活动主题进行促销品陈列，以达到突出商品的作用。

 **小知识**

圣诞节时，商场（超市）在促销一些圣诞礼物，并特意布置了一个展台进行促销品展示，在展台上放置一棵小圣诞树，并将圣诞礼物悬挂在树上，从而烘托出了圣诞节的气氛。

十三、连带陈列法

连带陈列法即把那些在使用上有连带关系的商品放在一起陈列,这样既便于顾客购买,又便于销售和商品保管。

比如,买了啤酒要用开瓶器,接着需要倒进杯子里才能品尝,因此啤酒、开瓶器和啤酒杯可以摆在一起;把女性用品和婴儿用品摆在一起,因为一般在家庭中女性负责照顾婴儿的衣食。

十四、图案陈列法

图案陈列法就是充分利用商品的形状、特征、色彩等,使用适当的夸张和想象,对商品进行摆放,形成一定的图案,使顾客既看到有关商品的全貌,又受到艺术的感染,产生美好的印象。在货品陈列中常用的图案陈列法见表2-2。

表2-2 图案陈列方法及适用促销品

序号	陈列图案	商品摆放方法	适用促销品
1	直线	把商品按大小或形状特征排成直线图案,注意把商标朝外,标价牌整齐完整,字迹清晰完整	形状标准、大小统一的商品
2	曲线	将商品摆成各种曲线形式的陈列,如三角曲线、直角曲线、圆弧曲线、长水纹波曲线	小件零星商品
3	塔形	利用商品的实际形状或外包装将促销品搭建成塔形的立体图案	玩具、文娱品等商品
4	梯形	将促销品折叠好,并按照梯形逐层错叠,从而使商品的部分花纹和图案展现出来	折叠整齐的床单、毛毯、衬衫、时装等
5	构图	利用商品的色彩摆出如大红"喜"字等图案的陈列方法	有鲜艳色彩的商品
6	悬挂	将促销品悬挂起来,展示促销品的图案	服装、绸缎、呢绒、被面、毛巾、手绢、袜子等软性商品

十五、最佳高度法

陈列的高度对销售情况影响颇大。商场（超市）让一种或两种品牌独占优势高度，是地势利用的重大失误。对于专卖店面来说则并不如此，有时为了让主打商品短时间内提升销售业绩，可以大胆采取这种方式。

总之，商场（超市）要利用陈列高度提高业绩，就必须了解高度对销售情况的影响力。有数据表明如下。

A区（在平视及伸手可以触及的高度）商品出售概率为50%。

B区（在头上及腰间高度）商品出售概率为30%。

C区（在高过头和低于视线处）商品出售概率仅为15%。

根据上面可靠的数据，可以得出以下相应的结论。

A区：摆放最重要的商品、新进商品或主推商品。

B区：摆放销售成绩稳定、品牌知名度稍次的商品。

C区：摆放顾客需求量少、起美化空间作用的商品。

不过，根据商品的消费群体不同，陈列高度的要求也有不同。

假如依照陈列高度将货架分成三段，那么要求如下。

（A区）中段：为手最容易拿到的高度，男性为70～160厘米，女性为60～150厘米。

（B区）次上下段：为手可以拿到的高度。次上，男性为160～180厘米，女性为150～170厘米；次下，男性为40～70厘米，女性为30～60厘米。

（C区）最上下段：为手不容易拿到的高度。最上，男性为180厘米以上，女性为170厘米以上；最下，男性为40厘米以下，女性为30厘米以下。

这三个区段也同样适合上面A、B、C三区的商品陈列原则。

所陈列的商品要与货架前方的"面"保持一致。商品的"正面"要全部面向通路一侧（让顾客可以看到），避免使顾客看到货架隔板及货架后面的挡板。陈列的高度，通常使所陈列的商品与上段货架隔板保持至少5厘米的距离。陈列商品间的间距一般为2～3毫米。在进行陈列的时候，要核查所陈列的商品是否正确，并安放宣传板、POP。

十六、特殊陈列法

（一）纸箱陈列法

纸箱陈列法具体见表2-3。

表2-3　纸箱陈列法

定　义	适用范围	陈列效果
将进货（包装）用的纸箱按一定的深度、样式进行裁剪（割箱陈列），然后将商品放入其中陈列	（1）适用于广为人知，深受消费者欢迎的品牌 （2）预计可廉价大量销售的商品 （3）中、大型商品以及用裸露陈列的方式 （4）难以往高堆积的商品	（1）价格低廉的形象及其价格易被传扬出去 （2）给顾客一种亲切感、易接近感，量感突出 （3）节省陈列操作的人力、物力 （4）易补充、撤收商品，可布置成直线、V型、U型等

（二）投入式陈列法

投入式陈列法具体见表2-4。

表2-4　投入式陈列法

定　义	适用范围	陈列效果
这种陈列方法给人一种仿佛是将商品陈列筐中一样的感觉	适用于此种陈列方法的商品： （1）中、小型，一个一个进行陈列处理很费工夫的商品 （2）本身及其价格已广为人知的商品 （3）简便性较高的商品 （4）低价格、低毛利的商品	（1）不易变形、损伤的商品，价格低廉的形象及其价格易被传扬出去 （2）即使陈列量较少也易给人留下深刻印象，可成为整个卖场或某类商品销售区的焦点 （3）陈列时间短，操作简单，陈列位置易变更，商品易撤收

（三）翼型陈列法

翼型陈列法具体见表2-5。

表2-5　翼型陈列法

定　义	适用范围	陈列效果
在平台的两侧陈列关联商品的方法	适于此种陈列方法的商品： （1）主要通过平台进行销售的和相关联的商品 （2）通过特卖销售的少量剩余商品	（1）商品的露出度提高，增加商品出现在顾客视野中的频率 （2）突出商品的廉价性、丰富性，并使卖场给顾客一种非常热闹的感觉

（四）阶梯式陈列法

阶梯式陈列法具体见表2-6。

表2-6　阶梯式陈列法

定　义	适用范围	陈列效果
将箱装商品、罐装商品堆积成阶梯状（3层以上）的陈列方法	适用于此种陈列方法的商品主要是箱装、罐装堆积起来也不会变形的商品	（1）易产生感染力 （2）易使顾客产生一种既廉价又具有高级感的印象 （3）在陈列上节省时间 （4）不仅可用在货架端头，还可用在货架内部

（五）层叠堆积陈列法

层叠堆积陈列法具体见表2-7。

表2-7　层叠堆积陈列法

定　义	适用范围	陈列效果
将商品层叠堆积的陈列方法	适用于此种陈列方法的商品： （1）罐装等可层叠堆积的筒状、箱装商品 （2）中、大型，具有稳定感的商品	（1）使商品的陈列量不大，但也可给人一种量感 （2）可在保持安全感的同时将商品往高陈列 （3）可突出商品的廉价性及高级感

（六）瀑布式陈列法

瀑布式陈列法具体见表2-8。

表2-8　瀑布式陈列法

定　义	适用范围	陈列效果
此种陈列方法给顾客一种仿佛瀑布下流的感觉	适用于此种陈列方法的商品： （1）圆形细长的商品 （2）预计可单品大量销售的商品	（1）易突出季节感、鲜度感，并使商品看上去就给人一种味道鲜美的感觉 （2）以裸露陈列为中心，易给顾客一种廉价感

（七）扩张陈列法

扩张陈列法具体见表2-9。

表2-9 扩张陈列法

定义	适用范围	陈列效果
超出一般的陈列线，向前延伸陈列商品的方法	适用于此种陈列方法的商品： （1）新产品、重点商品、特卖品等希望引起顾客特别注意的商品 （2）小、中型商品 （3）希望加深顾客印象并为顾客提供制作菜谱的商品	（1）提高商品注视度 （2）使陈列商品易被识别

（八）搬运容器（卡板）陈列法

搬运容器（卡板）陈列法具体见表2-10。

表2-10 搬运容器（卡板）陈列法

定义	适用范围	陈列效果
直接利用在商品配送上使用的容器进行陈列的方法	适用于此种陈列方法的商品： （1）价格广为人知的商品 （2）可以直接用搬运容器陈列的商品 （3）预计商品回转率较高的商品	（1）陈列作业上节省人力、物力 （2）方便商品种类数的管理，易突出廉价感

（九）线状陈列法

线状陈列法具体见表2-11。

表2-11 线状陈列法

定义	适用范围	陈列效果
将商品陈列成线形的陈列方法	适用于此种陈列方法的商品： （1）罐装饮料等筒型、长方形的商品 （2）小型、中型商品，轻量商品	（1）突出所陈列商品的效果显著 （2）方便补充商品、修改陈列形状

（十）扇型陈列法

扇型陈列法具体见表2-12。

表2-12 扇型陈列法

定义	适用范围	陈列效果
接近半圆形的陈列方法	适用于此种陈列方法的商品： （1）平型商品、陈列量较少的商品 （2）预计回转率不会很高的商品 （3）希望主要通过陈列效果促进销售的商品	（1）突出商品的高级感、鲜度感 （2）即使商品的陈列量不是很大，也会提高商品的存在感 （3）使顾客对商品的注视率提高

十七、卖场陈列的艺术化趋势

（一）展示与陈列的个性化、多样化

商品展示与陈列设计紧随和适应社会的变化，特别是随着消费者价值观的变化和生活方式的变化而变化。商品展示与陈列以其多样化的形式风格，显示出一个个性化、多样化的未来。商品展示与陈列的艺术效果不仅要展现出消费者目前所需要的商品，更应反映其心目中所追求的形象与美好的未来。

（二）展示与陈列的脱商业化倾向

商品展示与陈列的商业气息开始淡化，文化色彩明显增强，主要表现在以下3个方面。

（1）功能多样化。卖场不仅是购物中心，还增添了一些文化娱乐设施、饮食服务设施等，顾客不仅仅是购物，同时还可以获得文化、精神各方面的享受。

（2）注意情节性场面的营造，追求舞台化的艺术效果，从而在消费者的思想深层留下深刻的印记。商品展示的舞台效果将带给顾客美好的艺术熏陶和享受。

（3）现代派艺术的引入，影响流派风格的形式与发展。如现代派的雕塑、绘画、建筑等均在当代卖场展示与陈列中有所体现，以至通过卖场展示与陈列艺术，顾客仿佛看到了现代艺术的生活剪影。

> 现代的商业经营不再是简单的纯商业活动，而是与顾客进行各种心理交流的特殊场所。卖场的商品展示与陈列不能仅仅停留在开架售货或疏密有致的简单摆放，而要利用美学、心理学、人体工程学、社会学、行为学等方面的知识，利用商品可以缩短买卖双方的距离，了解顾客观看商品的特点和习惯，最大限度地吸引顾客的注意力。

（三）新的销售空间设计观念

将大自然引入销售空间——室内外的转换与交汇，特别是卖场室内的室外化倾向，自然景观赏心悦目，使室内外连为一体，整个卖场气氛舒适温馨。运用材料、色彩、光照变化等，使狭小的空间扩大，使空旷的空间不空荡，避免特殊空间可能带来的一切消极视觉的心理反应。

（四）展示与陈列呈现多种文化风格

在现代商品展示与陈列中，为了不断给顾客以富有新意的印象，不同的卖场应风格各异，突出工业美、科技美与天然材质美，现代派与怀古传统派并存，国际派与地方派互补，呈现出多种文化姿态。

学习回顾

经过本章内容的学习，想必您已经掌握了不少学习心得，请仔细填写下来，以便继续巩固学习。同时，如果您在学习中遇到了一些难点，也请如实写下来，然后可以进行重复学习，以彻底解决学习难点。

学习心得	学习难点
1._____	1._____
2._____	2._____
3._____	3._____
4._____	4._____
5._____	5._____

第三章 生鲜区商品陈列

学习目标

1. 了解如何进行果蔬类的陈列。
2. 了解如何进行水产品的陈列。
3. 了解如何进行肉类的陈列。

第一节 果蔬类的陈列

 一、果蔬陈列的五项基本方式

果蔬陈列有五项基本方式,如图3-1所示。

排列	将果菜有顺序地并排放置在一起,称为排列,重点是将果菜的根茎分别对齐,使其根齐叶顺,给人留下美观整洁的印象
堆积	将商品自下而上放置在一起,称为堆积,顶层商品数量较少,底层商品数量最多,既稳妥,又有一定的立体感,以体现出商品纯正的自然色
置放	将商品散开放置在容器中称为置放,容器一般是敞口的,由于容器四个侧面和底部有隔板,商品不会散落,只要将上面一层的商品放置整齐就可以了

图3-1

| 交叠 | 将大小不一、形状各异的商品进行交错排列，称为交叠，交叠的目的就是为了美观，使商品看起来整齐一些 |

| 装饰 | 将一些商品放在另外一些商品上，起陪衬的作用，称为装饰，如用水草装饰水产品、用假叶装饰水果、用小树枝装饰荔枝等，装饰的目的就是为了产生良好的视觉效果，使商品显得更新鲜一点、更整齐一点，以达到促销的目的 |

图3-1　果蔬陈列的五项基本方式

（一）圆积形陈列

圆积形陈列主要用来陈列圆形的水果和蔬菜，如苹果、柚子、葡萄等水果以及西红柿、茄子等蔬菜，陈列步骤如图3-2所示。

步骤一	决定底面最下层的前面部分，接下来排边面，然后才排中央面第一层的部分
步骤二	将第二层排在第一层商品与商品的中心点
步骤三	再排第三层、第四层

图3-2　圆积形陈列的步骤

（二）圆排形陈列

陈列体积较大一点果菜的形式，如冬瓜、椰子、甜瓜等，其陈列步骤如图3-3所示。

| 步骤一 | 用挡板将商品的两侧固定起来，防止其松垮塌落 |
| 步骤二 | 放置底层商品，每层商品重心相对，层层向上，同时商品与商品之间不要留有空隙，给人一种整齐有序的感觉 |

图3-3　圆排形陈列的步骤

（三）茎排形陈列

将长形蔬菜朝一定方向排列的一种陈列形式，如葱、茭白、芹菜等。该方式陈列时应注意以下事项，如图3-4所示。

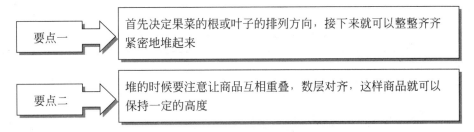

图3-4　茎排形陈列的注意事项

（四）交错形陈列

交错形陈列适用于陈列那种长度较长，但厚度不一的果菜，摆放时要根蔬相对，交错陈列，其陈列的方法如图3-5所示。

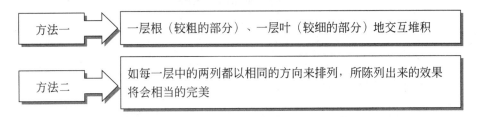

图3-5　交错形陈列的方法

（五）格子形陈列

格子形陈列适合于尖形蔬菜，彼此交错层叠类似格子，如白萝卜、胡萝卜等，其陈列方法如图3-6所示。

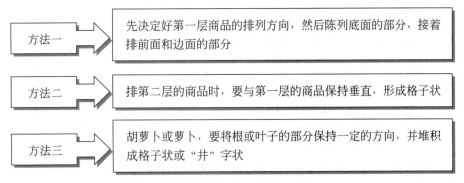

图3-6　格子形陈列的方法

可以在陈列位置上方或旁边悬挂新增商品的知识小贴士（如新品的介绍），摆放相关证明、温度标准表、保质期、水果蔬菜的妙用等，不但非常醒目，也起到了良好的宣传作用。

（一）叶菜

叶菜可以分为北方叶菜、南方叶菜，其陈列示意图如图3-7所示。

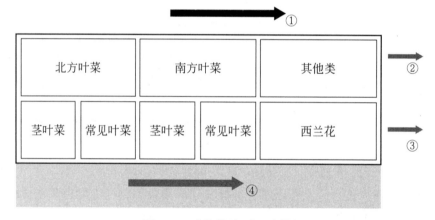

图3-7 叶菜的陈列示意图

解读：

①商场（超市）一般将叶菜陈列在专门的台面上，按北方叶菜、南方叶菜等从左向右排列。

②商场（超市）的叶菜一般捆扎销售，小捆放在台面上方。

③大捆、多捆放在台面下方。

④顾客走向一般从左向右。

图3-8所示为某商场某类叶菜的陈列现场，一个架子只陈列了一种商品，非常整齐。

图3-8 某商场某类叶菜的陈列现场

解说：
① 用绳索将叶菜捆扎起来。
② 定期对叶菜进行检查，清理破损的叶子。

（二）普通蔬菜

普通蔬菜包括根茎类、瓜类、茄果类等，其陈列示意图如图3-9所示。

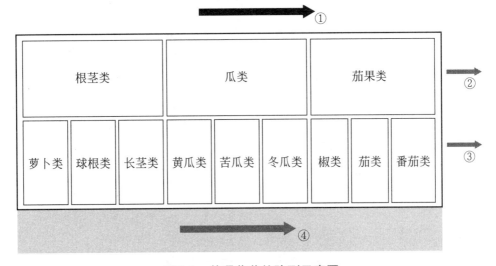

图3-9 普通蔬菜的陈列示意图

解读：

①商场（超市）一般将普通蔬菜陈列在专门的台面上，按根茎类、瓜类、茄果类依次陈列。

②体积较小的摆放在上层台面。

③体积较大的摆放在下层台面。

④顾客走向一般从左向右。

（三）水果

水果包括柑橘类、实果类、瓜类、热带水果类等，其陈列示意图如图3-10所示。

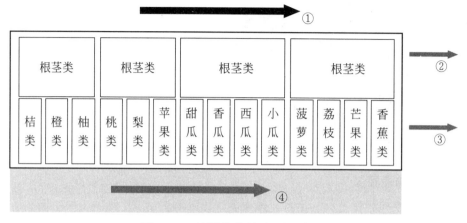

图3-10 普通蔬菜的陈列示意图

解读：

①商场（超市）一般将水果陈列在专门的台面上，按柑橘类、实果类、瓜类、热带水果类等从左向右陈列。

②体积较小的摆放在上层台面。

③体积较大的摆放在下层台面。

④顾客走向一般从左向右。

图3-11所示是某超市苹果的陈列现场，各种类别的苹果从左向右整齐陈列。

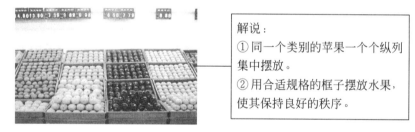

解说：
①同一个类别的苹果一个个纵列集中摆放。
②用合适规格的框子摆放水果，使其保持良好的秩序。

图3-11 某超市苹果的陈列现场

第二节 水产品陈列

水产品包括新鲜水产品、冰冻水产品等，其陈列示意图如图3-12所示。

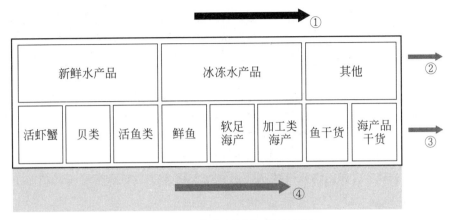

图3-12 水产品的陈列示意图

解读:

①商场(超市)一般为水产品安排专门的存放容器,并按新鲜水产品、冰冻水产品等依次陈列。

②鲜活水产品一般放在鱼缸内,体积大的放在上层鱼缸,体积小的放在下层鱼缸。

③冰冻水产品一般摆放在冰台上,干货也放在专门的柜台上,都按大小、价格等依次陈列。

④顾客走向一般从左向右。

二、水产品陈列方法

水产品陈列方法如图3-13所示。

全鱼集中法	全鱼集中陈列的方向要考虑到当地的习惯及美观,以鱼头朝内、鱼尾朝外、鱼腹朝里、鱼背朝外的方向摆放(黄花鱼除外),此陈列法运用于中小型鱼
生动化陈列法	将鱼体以倾斜方式植入碎冰中,其深度不得超过鱼体的1/2宽度,依序排列,显示活鲜鱼在水中游走的新鲜感及立体美感,且能让顾客容易看到、摸到,任意选择 生动化陈列的方法:头朝向左上,鱼体与冰台边缘呈30度,鱼体与冰面呈60度

图3-13

| 段、块鱼陈列法 | 鱼体较大的鱼无法以全鱼来商品化陈列，必须以段、块、片状加工处理后（以使消费者一餐用完）来搭配增加美感 |
| 色彩显示陈列法 | 根据水产品本身的表面颜色和鱼纹、形状组合陈列，可以增加顾客注意力，提高购买率 |

图3-13　水产品陈列方法

图3-14所示是某超市水产陈列现场，该区域主要陈列着虾蟹类和贝类。

解说：
① 一、二层摆放着虾蟹类。
② 最下层摆放着贝类。

图3-14　某超市水产陈列现场

三、水产品陈列基本要求

（一）新鲜卫生

要保持水产品的新鲜卫生，必须满足如图3-15所示的要求。

| 要求一 ⇒ | 保证正确的温度：鲜活商品陈列于鱼缸内，水温控制在20℃以下，鱼缸内不能有翻肚的鱼、死虾、死蟹在缸内；冻鲜商品陈列于冰台（至少冰厚3～5cm）或冰柜内，至少一半陈列面接触冰面 |
| 要求二 ⇒ | 保持正确的陈列方式：随时保持鱼池水循环和制氧充足；两栖类河鲜注水不超过3～5cm；冰鲜商品需将商品的最大陈列面接触冰面，不重叠；带血商品须用托盘进行陈列，不直接陈列于冰面上，保持冰面洁净 |

图3-15

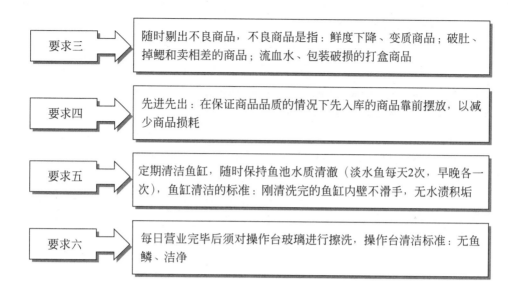

图3-15 保持水产品新鲜卫生的要求

随时打捞鱼缸内泡沫,同时要保持陈列器具及水产区域的清洁卫生,无卫生死角,保持台面的清洁、干爽。

(二)丰满整齐

(1)一般商品不重叠、不打堆,同一商品按同种方向陈列;随时补货以保证商品的基本陈列量,在单品量少时可通过拉排面方式提升视觉上的丰满,但决不可本末倒置,只强调拉排面而不补货。本方法适用于个别单品量少、缺货时及高峰时段后。

(2)促销商品适当加大陈列面。

(3)高峰期前适当增加陈列量。

(三)易挑易选

即挑选性大的商品陈列在顾客易选易拿、靠前的位置,挑选性小的商品可靠后陈列。

(四)一一对应

正确使用价签及价签牌,保证顾客能方便、直观地了解价格,并保证字体美观、价签牌清洁无破损。

（1）价格与商品一一对应。
（2）价签与商品一一对应。

四、不同水产品特殊陈列要求

不同水产品特殊陈列要求见表3-1。

表3-1　不同水产品的陈列要求

序号	类别		陈列要求
1	鲜鱼	基本原则	同一种类，畅销品及利润较好品种，陈列于良好"热点"；本店想卖的品种及重点商品，陈列于有利地点；销售量好或顾客一见就想要的鱼类，则不必陈列在有利地点；色彩鲜艳的鱼类陈列在醒目的地点；大型鱼容易看到，不必陈列在好地点
		定型陈列	（1）倾斜平面陈列：包装好的鲜鱼在开放式冷藏柜陈列，温度保持在0～3℃，勿堆积过多，否则会遮断冷气，应特别注意；切身的切口和刺身鱼肉的颜色是鲜度的象征，重叠放置易损坏切角，如此则降低商品鲜度感，应以平面陈列 （2）色彩展示陈列：以鱼类本身的色彩组合陈列可提高顾客的注意力 （3）品种别陈列：可使顾客容易找到及选择，是容易购买的陈列方法
2	包装后鲜鱼		价格标签的位置与方向必须一致；以少量陈列为原则，经常补充货品，避免空柜现象发生；鲜度容易下降的物品，应只陈列一排较好；一定要使用生鲜托盘，使各单品的陈列整齐美观；失去新鲜度的商品应立即除去，以免影响其他商品在顾客中的形象
3	活鱼		淡水鱼要区分为塘鱼和河鱼以及虾类分类陈列；水温控制在17～20℃之间即可；河鱼对水质的要求高，而且氧气要充足，密度不能高，在销售时要注意换水；虾类对水质和密度要求都很高，而且水温变化不能大，一般为2～3℃之间
4	冻品		（1）冻品陈列在卧柜或立柜里要打包，要选用环保盒 （2）横向要由右至左，规格由大到小进行陈列

五、水产品陈列器具使用规范

陈列器具使用规范如下。

(1)做好1日4次的温度检查。
(2)营业结束时需放下冷柜的遮盖帘,冷库锁门。
(3)做好冰台商品保冰过夜管理。
(4)半成品用挑选器具统一放于托盘右下角。

第三节 肉类的陈列

一、主要肉类的陈列

(一)家禽类

商场(超市)的家禽类很多,但最主要的还是鸡肉、鸭肉等,以下以3米展示柜为例进行说明,陈列示意图如图3-16所示。

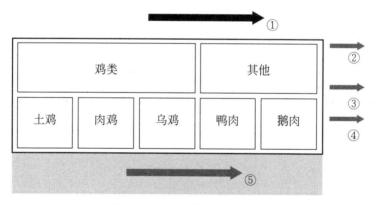

图3-16 家禽类陈列示意图

解读:

①商场(超市)应为鸡肉、鸭肉等从左向右依次陈列,必要时,可以为鸡肉的销售设置专区。

②鸡肝、鸡肠、鸡胗、鸡脚、鸭掌、鸭胗等包装量小的内脏摆放在上层货柜。

③陈列小部位肉品、陈列切块或切半的鸡鸭等摆放在中层货架。

④陈列体积大、较重的全鸡及全鸭等摆放在下层货架。

⑤顾客走向一般从左向右。

（二）猪肉

猪肉经商品化处理后的单品很多，因此其陈列面须比家禽类宽。一般而言，以3.6米长的展示柜来陈列较能促进其销售，其陈列示意图如图3-17所示。

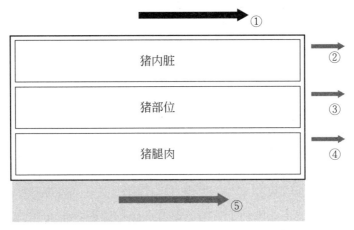

图3-17　猪肉陈列示意图

解读：

①商场（超市）应按规范的陈列要求陈列猪肉，对体积较小的猪肉要用包盒包装起来进行销售。

②猪肝、猪血、猪心、猪腰、猪肚、猪大肠、猪小肠、粉肠等猪内脏摆放在上层货柜。

③蹄膀、小里脊、小里脊切半、小里脊切块、里脊肉等猪身体各部位摆放在中层货柜。

④前腿肉、前腿赤肉、后腿肉、后腿赤肉等摆放在下层货架。

⑤顾客走向一般从左向右。

图3-18所示为某商场包盒猪肉的陈列现场，各部位猪肉按类别有序摆放在柜中。

解说：
① 承装猪肉的包盒应完整、无破损。
② 包盒的摆放要整齐。

图3-18　某商场包盒猪肉的陈列现场

二、肉类的陈列注意事项

对于肉类，在营业前、营业中、营业后都有许多特别要注意的事项，具体如下。

（一）开业前

（1）认真检查陈列台及陈列柜中的肉品，要注意肉色是否发生变化、包装是否完好、是否有汁水（或血水）渗出、是否有标签、标签的内容是否完整清楚等内容。

（2）每种肉品的上货量要达到最低标准，并使其排列整齐，给人整洁之感。

（3）陈列面不应超过最大装载线，以免影响冷柜冷气的对流。

（4）冷柜的灯光以及货架上的灯光要正常工作，不能影响肉品的视觉效果。

（5）冷柜、货架以及有关器具要擦拭一新，晾干消毒，做到盘中无水、台上无尘。

（6）牛羊肉的消费有一定的民族习惯性，要将它们分柜陈列，清真标识要明确。

（7）各类肉品应根据不同部位，分割开来，按不同的价格进行销售，以满足顾客的不同要求。

（8）关联性的肉品要陈列在相连接的位置中，方便顾客连带购买。

（二）营业中

（1）及时上货，保证展台上肉品的供应。

（2）定时检查冷柜的温度，以确保其制冷效果。

（3）定时检查肉品的颜色，及时剔出变质的肉品。

（4）检查商品的包装，如果发现包装脱落，要立即进行再包装。

（5）检查卖场的卫生情况，有飞舞的蚊蝇要立即消灭。

（6）检查肉品卖场的气味，有异味要立即根除。

（7）肉品陈列都应该切割成小块，以适应消费者家庭消费的需要。

（三）营业后

（1）卖台上和展柜中的肉品要放入冷柜中，以免变质。

（2）清洗卖台、展柜以及有关器具，并对其进行消毒。

（3）将敞开的冷柜关上。

（4）将肉品卖场消毒。

第四节 自制类食品的陈列

一、自制类食品操作区位安排

对于自制类食品，从开始营业到营业结束，都要保证商品的质量和陈列处于最佳状态。

自制类食品操作区位安排通常如图3-19所示。

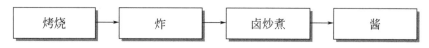

图3-19 自制类食品的分类陈列动线

二、自制类食品陈列图

自制类食品包括烤制品、炸制品、卤制品、酱制品等，其陈列示意图如图3-20所示。

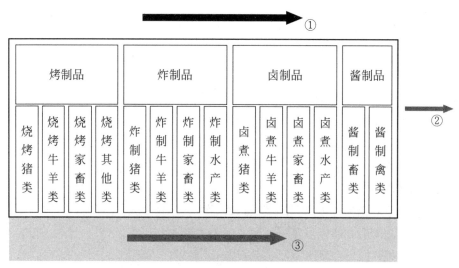

图3-20 自制类食品的陈列示意图

解读：

①商场（超市）一般为烤制品、炸制品、卤制品、酱制品等划分不同区域，并依次陈列。

②烤制品、炸制品要陈列在热柜中，卤制品、酱制品要陈列在常温柜中。

③顾客走向一般从左向右。

三、自制类食品陈列的基本要求

自制类食品陈列的基本要求如下。

（1）价格牌标示或POP标示，散装食品标示卡书写正确放置明显位置，整齐、整洁、清晰。

（2）陈列冷柜的温度需要达到0～5℃，热柜需达到60℃以上。

（3）商品排放整齐，饱满有量感，保质保量。

（4）颜色搭配吸引顾客。

（5）在出炉时加强叫卖吸引顾客——"热卖"。

（6）试吃：烤烧、卤煮炒，试吃时间10:00～2:00、15:00～8:00，试吃专人负责。

（7）商品保持先进先出原则。

（8）熟食二次开店时间为16:00，重点工作是补货、装饰、陈列设备的清洁卫生。

四、不同自制类食品的正常陈列规范

不同自制类食品的正常陈列规范见表3-2。

表3-2　不同自制类食品的正常陈列规范

分类	陈列温度	销售期限	陈列要求
烧烤类	60℃	1天	（1）烤烧类商品出炉时间设为营业前10分钟 （2）烤烧类商品不得挤压 （3）烤烧类商品保质期为一天，排面上不得有隔日商品 （4）烤烧类商品开店，加工基本陈列量 （5）烤烧类商品每日19:00以后可以缺货，20:00可以空排面（海报商品除外）

续表

分 类	陈列温度	销售期限	陈 列 要 求
炸类	60℃	1天	（1）炸类商品出炉时间为营业前10分钟 （2）炸类商品开店，加工基本陈列量 （3）海产类商品需装饰（用青、红辣椒过油后直接点缀） （4）炸类商品保质期为一天，排面上不得有隔日商品 （5）炸类商品每日19:00以后可以缺货，20:00可以空排面（海报商品除外）
卤煮炒、酱类	0～4℃或常温	1天	（1）卤煮炒、酱类商品陈列需装饰（用红油，或青红辣椒、姜片、葱段，过油直接点缀） （2）卤煮炒、酱类商品每隔三小时需翻动商品一次，保持商品的色泽 （3）卤煮炒、酱类商品每日19:00以后可以缺货，20:00可以空排面（海报商品除外）

学习回顾

经过本章内容的学习，想必您已经掌握了不少学习心得，请仔细填写下来，以便继续巩固学习。同时，如果您在学习中遇到了一些难点，也请如实写下来，然后可以进行重复学习，以彻底解决学习难点。

学习心得	学习难点
1._____ 2._____ 3._____ 4._____ 5._____	1._____ 2._____ 3._____ 4._____ 5._____

第四章 食品区商品陈列

> **学习目标**
> 1. 了解如何陈列饮料、酒水。
> 2. 了解如何陈列冲调品、冷冻冷藏品。

第一节 饮料、酒水的陈列

一、碳酸饮料的陈列

碳酸饮料按口味来划分类别有可乐味、柠檬味、橙味及其他口味,其陈列示意图如图4-1所示。

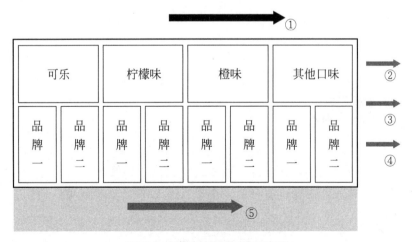

图4-1 碳酸饮料陈列示意图

63

解读:

①陈列时按可乐味、柠檬味、橙味及其他口味从左向右来分别陈列。一般来说,碳酸饮料的品牌比较集中,包括可口可乐、百事可乐、康师傅、统一等,因此,每个单品可以按不同品牌从左向右按价格从低到高进行排列。

②听装摆放在上层货架。

③小塑料瓶装摆放在中层货架。

④大塑料瓶装、整箱装摆放在下层货架。

⑤顾客走向一般为从左向右。

图4-2所示是某商场可口可乐的陈列现场,各种规格的可乐从上至下整齐排列。

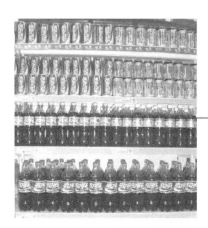

解说:
① 听装放在最上层货架。
② 小瓶装放在中间货架。
③ 大瓶装和多听装放在最下层货架。

图4-2 某商场可口可乐的陈列现场

果汁有不同的种类,如橙汁、苹果汁、桃汁、山楂汁、葡萄汁及其他口味果汁等,每类果汁的含量也有分类,含量30%以下的为普通果汁饮料,含量在30%以上的为高浓度果汁饮料。其陈列示意图如图4-3所示。

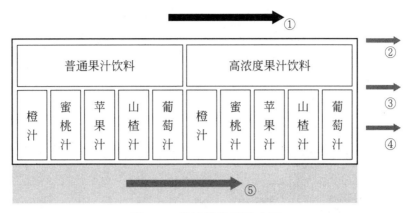

图4-3 果汁的陈列示意图

解读：

①商场（超市）在陈列时，首先应按从左向右的顺序陈列普通果汁饮料和高浓度果汁饮料，同时在口味上，按照橙汁、苹果汁、桃汁、山楂汁和葡萄汁等陈列。

②同类同口味商品同品牌的要集中陈列，同时小规格摆放在上层货架。

③较大规格在中层货架。

④整箱装摆放在下层货架。

⑤顾客走向一般为从左向右。

咖啡、乳饮料陈列示意图如图4-4所示。

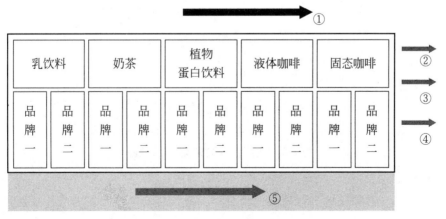

图4-4 咖啡、乳饮料陈列示意图

解读：

①该类商品首先应按照乳饮料、奶茶、植物蛋白饮料、液体咖啡、固态咖啡等分别排列，同类商品品牌要集中陈列。

②听装及利乐装摆放在上层货架。

③瓶装摆放在中层货架。

④整箱装摆放在下层货架。

⑤顾客走向一般为从左向右。

销量较好的咖啡品牌可以集中陈列，并放置在位置较好的中上层区货架，以便扩大销量，提高销售额。

功能性饮料可分为醋饮料、健康饮料及运动饮料，其陈列示意图如图4-5所示。

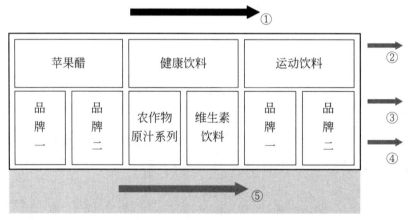

图4-5 功能性饮料的陈列示意图

解读：

①商场（超市）陈列时可按醋饮料、健康饮料及运动饮料的顺序分别摆放，同时，同类商品的同品牌的要集中陈列。

②听装及利乐装摆放在上层货架。
③瓶装摆放在中层货架。
④整箱装摆放在下层货架。
⑤顾客走向一般为从左向右。

五、茶饮料

茶饮料按口味分为红茶、绿茶及其他口味茶三类，其陈列示意图如图4-6所示。

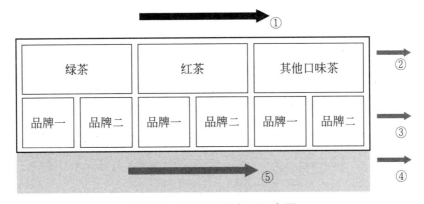

图4-6 茶饮料的陈列示意图

解读：
①茶饮料的品牌相对集中，包括康师傅、统一等。陈列时，同口味商品品牌要集中陈列，并按绿茶、红茶、其他口味茶依次陈列。
②利乐装、听装放在货架上层。
③小瓶装摆放在货架中层。
④大瓶装、整箱装摆放在下层货架。
⑤顾客走向一般为从左向右。

六、啤酒

啤酒有国产和进口之分，也有品牌之分，还有包装之分，其陈列示意图如图4-7所示。

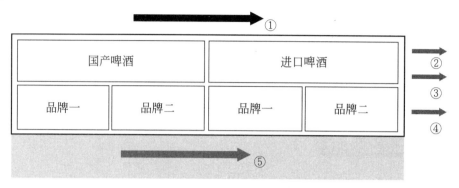

图4-7 啤酒陈列示意图

解读：

①商场（超市）陈列时首先要将国产啤酒和进口啤酒分开，不同品牌的同规格啤酒按照价格高低从左向右依次陈列。

②听装及小瓶装摆放在上层货架。

③标准瓶装放在中层货架。

④多听捆扎包装、多瓶捆扎包装以及整箱装摆放在下层货架。

⑤顾客走向一般为从左向右。

图4-8所示是某商场啤酒的陈列现场，各品牌啤酒从上至下整齐排列。

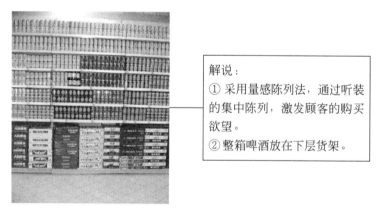

解说：

① 采用量感陈列法，通过听装的集中陈列，激发顾客的购买欲望。

② 整箱啤酒放在下层货架。

图4-8 某商场啤酒的陈列现场

七、烈酒

烈酒的陈列示意图如图4-9所示。

第四章　食品区商品陈列

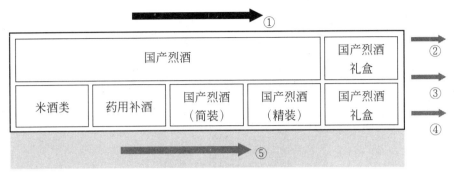

图4-9　烈酒的陈列示意图

解读：

①陈列烈酒可先按照包装即普通国产烈酒和国产烈酒礼盒分别陈列，在普通国产烈酒中再按照米酒、药用补酒、简装国产烈酒和精装国产烈酒陈列，同类酒品牌要集中陈列，价格由上至下、由左至右、由低到高的顺序陈列。国产名酒可在精品柜中陈列。

②小瓶装烈酒摆放在上层货架。国产烈酒礼盒可以设置专门的一组货架，按价格从低到高，从上到下陈列。

③标准瓶装烈酒放在中层货架。

④整箱烈酒摆放在下层货架。

⑤顾客走向一般为从左向右。

八、香烟

香烟有产地之别，有进口和国产之别，也有包装之别，其陈列示意图如图4-10所示。

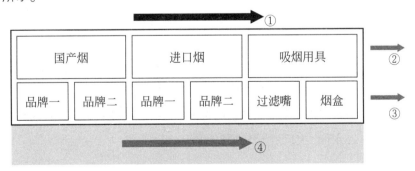

图4-10　香烟的陈列示意图

解读：

①对香烟要设置专柜进行储存，陈列时先按国产烟和进口烟分别陈列，后按产地，再按照价格从低到高的次序陈列。

②单盒香烟放在专柜上层和中层。吸烟用具设置专区进行陈列，过滤嘴和烟盒要分开陈列。

③整条香烟放在专柜下层。

④顾客走向一般为从左向右。

> **小知识**
>
> 香烟属于贵重商品，卖场可以设置专人负责香烟专柜的销售工作，每售出一包后，应当及时关闭专柜，防止被偷盗。

九、保健营养品

保健品分一般性滋补品、功能性保健品、OTC药品等，其陈列示意图如图4-11所示。

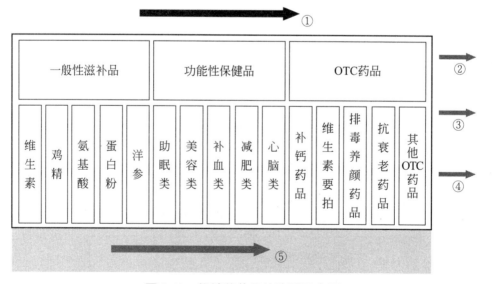

图4-11 保健营养品的陈列示意图

解读：

①一般性滋补品、功能性保健品、OTC药品等分区陈列，不同品牌的同类别营养品要价格从左向右排列，罐装与袋装应分开陈列。

②小规格营养品摆放在上层货架。

③中等规格营养品摆放在中层货架。

④大规格营养品摆放在下层货架。

⑤顾客走向一般为从左向右。

第二节 冲调品、冷冻冷藏品的陈列

一、奶制品及鲜果汁

奶制品及鲜果汁的档次比较高，陈列须整齐美观，其陈列示意图如图4-12所示。

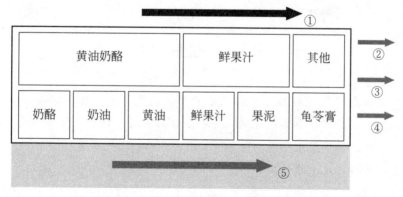

图4-12 奶制品及鲜果汁的陈列示意图

解读：

①商场（超市）陈列时可安排在风幕柜客流方向的第一位置，按照奶酪、奶油、黄油、鲜果汁、果泥、龟苓膏的顺序摆放，同类商品同品牌的要集中陈列，并按价格从低到高，从左向右排列。

②小规格和单盒装摆放在上层货架。

③中等规格和多盒装摆放在中层货架。

④大规格摆放在下层货架。由于该类商品一般销量较低,应尽量降低库存,为使陈列展示丰满,可在风幕柜上四层采用梯形架。

⑤顾客走向一般为从左向右。

中式快餐火腿肠有禽类、畜产类和水产类之别,其陈列示意图如图4-13所示。

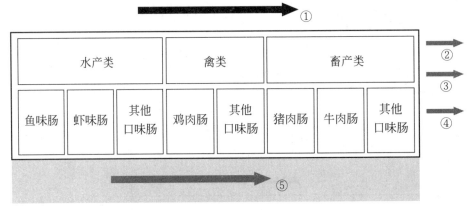

图4-13 中式快餐火腿肠的陈列示意图

解读:

①商场(超市)陈列时可先按照水产类、禽类、畜产类,从左向右分别陈列,相同口味同品牌的要集中陈列,并按价格高低从左向右排列。如果风幕柜面积小,则可在正常货架上陈列。

②小规格摆放在上层货架。

③中等规格摆放在中层货架。

④大规格、整袋装、整箱装摆放在下层货架。

⑤顾客走向一般为从左向右。

火腿、西式香肠有低温火腿与西式肠之分,其陈列示意图如图4-14所示。

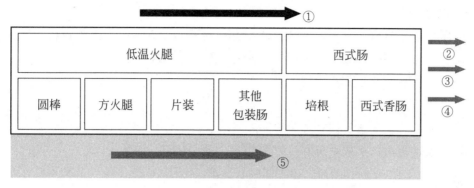

图 4-14 火腿、西式香肠的陈列示意图

解读：

①商场（超市）应将低温火腿与西式肠分别陈列，低温火腿按照包装，即圆棒装火腿、方火腿、片装火腿、其他包装火腿的顺序陈列，相同包装同品牌的要集中陈列，并按价格高低从左向右排列。日配商品通常可每天送货，所以要尽量降低库存。

②小规格摆放在上层货架。

③中等规格摆放在中层货架。

④大规格、整袋装、整箱装摆放在下层货架。

⑤顾客走向一般从左向右。

四、加工制品及酱菜

加工制品及酱菜多为彩袋不规则包装商品，其陈列示意图如图4-15所示。

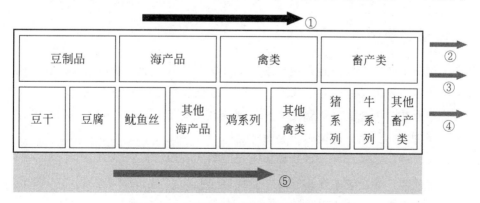

图 4-15 加工制品及酱菜的陈列示意图

解读：

①商场（超市）陈列时应按照豆制品、海产品、禽类、畜产品的顺序排列，同类商品品牌应集中陈列，并按价格高低从左向右排列。

②小包装摆放在上层货架。

③中等包装摆放在中层货架。

④大包装、多包装摆放在下层货架。

⑤顾客走向一般从左向右。

五、茶

茶有包装之分，也有产品之分，还有口味之别，其陈列示意图如图4-16所示。

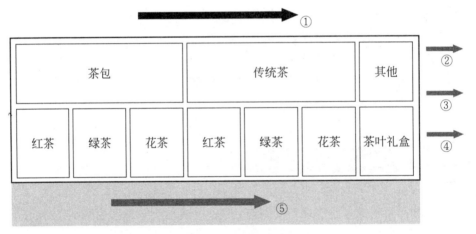

图4-16　茶的陈列示意图

解读：

①商场（超市）陈列时先按照茶包、传统茶及茶礼盒的顺序摆放，在茶包和传统茶的陈列中再按照红茶、绿茶、花茶、其他口味茶从左向右陈列。

②小袋装、小盒装、小桶装茶叶等摆放在上层货架。茶叶礼盒可以设置专门的货架进行陈列，陈列时铺满货架即可。

③中等规格茶叶摆放在中层货架。

④多包装、多盒装茶叶摆放在下层货架。

⑤顾客走向一般从左向右。

六、咖啡及伴侣

咖啡伴侣包括方糖、可可粉等，其陈列示意图如图4-17所示。

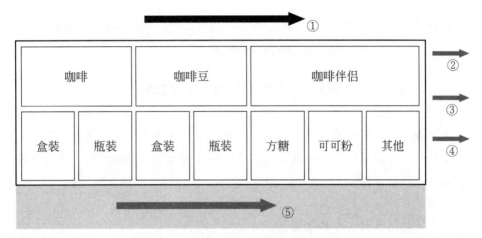

图4-17 咖啡及伴侣的陈列示意图

解读：

①商场（超市）首先应按照咖啡、咖啡豆、咖啡伴侣的顺序从左向右陈列。每类咖啡再按照其包装将瓶装和盒装分别陈列，在瓶装和盒装商品中再按照同品牌的集中陈列，并按价格从左向右陈列。

②小盒装、小瓶装摆放在上层货架。咖啡伴侣不必摆放过多，一般只放在上层货架即可。

③中等规格摆放在中层货架。

④大瓶装、多盒装摆放在下层货架。

⑤顾客走向一般从左向右。

七、婴幼儿食品

婴幼儿食品的种类非常多，其陈列示意图如图4-18所示。

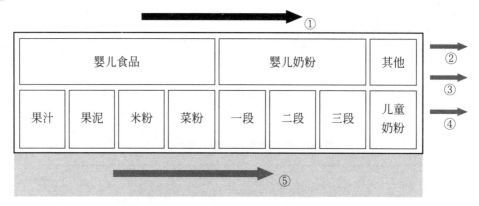

图4-18 婴幼儿食品的陈列示意图

解读：

①商场（超市）首先按照婴儿食品、婴儿奶粉及儿童奶粉的顺序来摆放。对于婴儿奶粉，再按照一段、二段、三段来分别陈列每个阶段的奶粉，然后再按照销量排名的顺序来摆。

②听装摆放在上层货架。

③中等规格摆放在中层货架。

④大规格以及袋装摆放在下层货架。

⑤顾客走向一般从左向右。

八、佐餐酱汁

佐餐酱汁可分为果酱、其他早餐酱及蜂蜜等，其陈列示意图如图4-19所示。

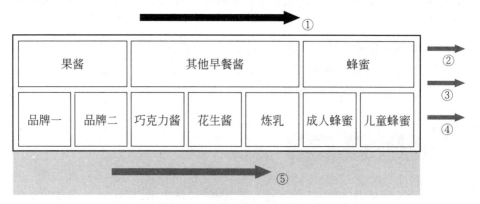

图4-19 佐餐酱汁的陈列示意图

解读：

①商场（超市）首先按果酱、其他早餐酱及蜂蜜三类摆放，在果酱中再按品牌及销量的顺序来陈列，其他早餐酱可分为巧克力酱、花生酱及炼乳等分别陈列。蜂蜜可分为成人蜂蜜、儿童蜂蜜及秋梨膏来分别陈列。同品类再按照同品牌的集中陈列，并按价格从左向右陈列。

②小瓶装放在上层货架。

③中等规格摆放在中层货架。

④大瓶装、整箱装摆放在下层货架。

⑤顾客走向一般从左向右。

小知识

许多顾客会将蜂蜜作为礼品进行赠送，因此，商场（超市）可以将多瓶蜂蜜制作成礼包，放在货架上进行销售。

九、冲调粥粉

冲调粥粉包括即溶饮品、麦片粥粉及葡萄糖等，其陈列示意图如图4-20所示。

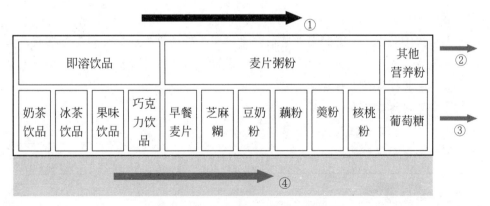

图4-20　冲调粥粉的陈列示意图

解读：

①商场（超市）应先按大类来分类陈列，即溶饮品、麦片粥粉及葡萄糖等分

别摆放,再按照子类,即溶饮品按照果味、巧克力、奶茶、冰茶等分别陈列,同类商品同品牌应集中起来,并按价格从左向右陈列。

②袋装奶茶悬挂起来,放在货架前。盒装奶茶容量类似,无规格之分,按销量铺满整个上、中层货架即可。

③整箱装摆放在下层货架。

④顾客走向一般从左向右。

十、饼干

饼干的品牌非常多,如康师傅、奥利奥等,其陈列示意图如图4-21所示。

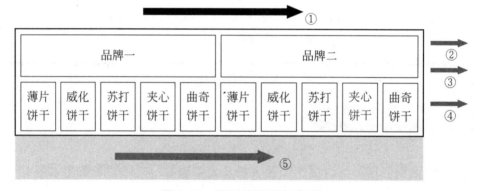

图4-21 饼干的陈列示意图

解读:

①商场(超市)应将知名品牌的饼干按照品牌的价格、销量顺序来摆放,品牌内再分为薄片饼干、夹心饼干、曲奇饼干等分别陈列。

②单包装摆放在上层货架。

③中等规格摆放在中层货架。

④大包装、连包摆放在下层货架。

⑤顾客走向一般从左向右。

 小知识

饼干的保质期较短,陈列饼干时要注意随手检查饼干的保质期,及时将过期的饼干从货架中挑出来。

十一、进口食品

进口食品的种类很多,如进口小食品、进口饮料、进口粮油副食等,其陈列示意图如图4-22所示。

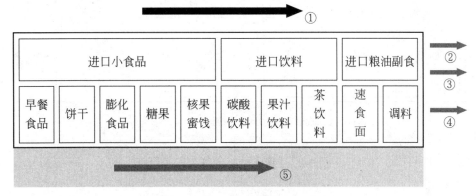

图4-22　进口食品的陈列示意图

解读:

①商场(超市)应首先按类别,即进口小食品、进口饮料、进口粮油副食等分别陈列,每个大类里面再按价格从低到高,从左向右陈列。相同类别、相同规格的品牌应集中陈列。

②小规格放在上层货架。

③中等规格摆放在中层货架。

④大规格摆放在下层货架。

⑤顾客走向一般从左向右。

第三节　休闲食品的陈列

膨化食品包括薯片、米制品、海苔等,其品牌也很多,包括乐事、可比克

等,其陈列示意图如图4-23所示。

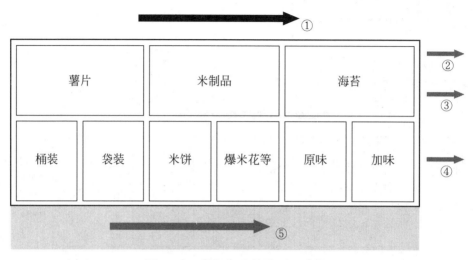

图4-23 膨化食品的陈列示意图

解读:

①商场(超市)应将薯片类中桶装和袋装分开陈列,其他所有类别全部按照同品牌的集中陈列。

②袋装薯片中小规格放在上层货架,桶装薯片规格类似,可以按销量进行摆放,不同品牌薯片放在不同区域。

③中等袋装摆放在中层货架。

④大袋装、多包装、多桶装摆放在下层货架。

⑤顾客走向一般从左向右。

膨化食品是商场(超市)的重点促销商品,因此,有时商场(超市)会将同等规格铺满整个货架进行销售,以量感陈列来激发顾客的购买欲望。

蜜饯包括山楂果片、枣类、梅和果脯类,其陈列示意图如图4-24所示。

第四章 食品区商品陈列

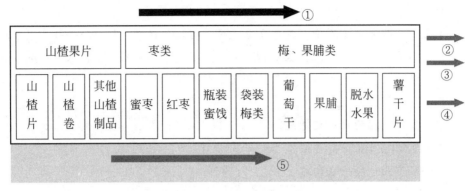

图4-24 蜜饯的陈列示意图

解读：

①商场（超市）应首先按照山楂类、枣类、梅和果脯类及其他蜜饯分别摆放。在山楂品类中再按照山楂片、山楂卷及其他山楂制品陈列。枣类按照蜜枣和红枣分别陈列。梅类先将瓶装商品独立陈列，后面再按照袋装梅类、葡萄干、果脯、脱水水果及薯干片分别陈列。

②小瓶、小盒、小袋等小规格摆放在上层货架。

③中等规格摆放在中层货架。

④大规格以及多袋装摆放在下层货架。

⑤顾客走向一般从左向右。

三、核果及其他

核果包括瓜子、花生豆类等，其陈列示意图如图4-25所示。

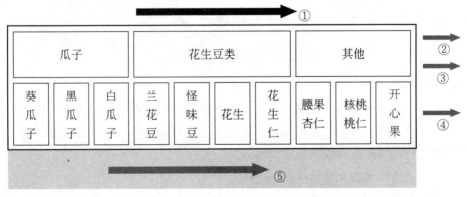

图4-25 核果及其他的陈列示意图

解读：

①首先按照大类（瓜子、花生豆类、腰果杏仁、核桃桃仁、松子开心果及榛子等）分别陈列，接下来，在瓜子品类中按照葵花子、黑瓜子及白瓜子陈列，花生豆类按照花生、花生仁和兰花豆、青豆分别陈列。

②小包装摆放在上层货架。

③中等规格摆放在中层货架。

④大包装摆放在下层货架。

⑤顾客走向一般从左向右。

四、糖果

糖果有不同种类，不同种类中又有不同的品牌，其陈列示意图如图4-26所示。

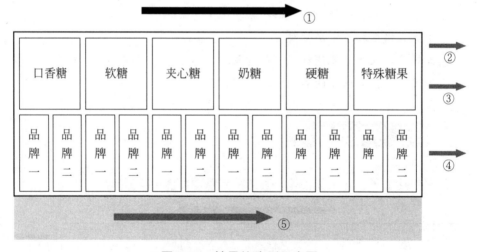

图4-26 糖果的陈列示意图

解读：

①商场（超市）首先按照分类，即口香糖、软糖、夹心糖、奶糖、硬糖及特殊糖果等分别陈列。在口香糖品类中按照同品牌的集中陈列，上面采用挂钩陈列条装口香糖，下面层板展示瓶装口香糖。

②小规格摆放在上层货架。

③中等规格摆放在中层货架。

④大规格摆放在下层货架。
⑤顾客走向一般从左向右。

> **小知识**
>
> 理货员在陈列口香糖时要注意做好检查工作,尤其要注意口香糖掉下架子时,要注意及时捡起来。

五、果冻

果冻的陈列示意图如图4-27所示。

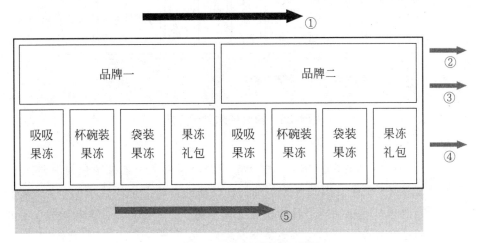

图4-27 果冻的陈列示意图

解读:

①商场(超市)应将果冻按包装分为吸吸果冻、杯碗装果冻、袋装果冻和果冻礼包四类陈列,每类包装再按照品牌做集中陈列。

②小包装摆放在上层货架。

③中等规格摆放在中层货架。

④大规格以及袋装摆放在下层货架。

⑤顾客走向一般从左向右。

第四节 粮食、调味品及干杂货的陈列

一、粮食

粮食的种类有许多,规格、包装也多样,其陈列示意图如图4-28所示。

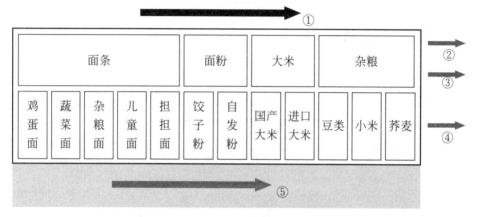

图4-28 粮食的陈列示意图

解读:

①商场(超市)应先按分类,即面条、面粉、大米、杂粮等分别陈列,米、面再按照规格(5千克、10千克等)陈列,特殊面粉需要先按饺子粉和自发粉分别出来,然后再按规格陈列。挂面按照口味(鸡蛋面、蔬菜面、杂粮面等)分别陈列。杂粮按照豆类、小米、荞麦等分别陈列。

②小包装摆放在上层货架。儿童面条统一摆放在上层货架。

③中等规格摆放在中层货架。

④大包装摆放在下层货架。

⑤顾客走向一般从左向右。

二、烹调油

烹调油种类繁多,规格也多样,包括大豆油、菜籽油等,其陈列示意图如图

4-29所示。

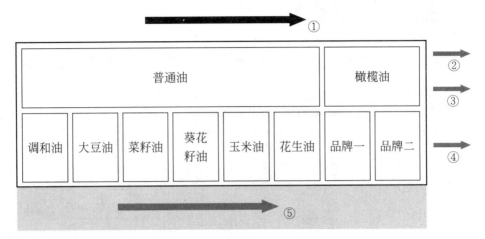

图4-29 烹调油的陈列示意图

解读：

①商场（超市）陈列烹调油时应选择重型货架陈列，陈列时先按规格（4升以下、4升以上）分别陈列，再按油的种类，即调和油、大豆油、菜籽油、葵花籽油、玉米油、花生油的顺序陈列。在每类油种的陈列中品牌相对集中陈列。

②瓶装摆放在上层货架。瓶装橄榄油必须做好防护工作，防止其摔碎。

③中等规格摆放在中层货架。

④桶装摆放在下层货架。

⑤顾客走向一般从左向右。

图4-30所示是某商场烹调油的陈列现场，各品牌烹调油从上至下整齐排列。

解说：
① 各品牌烹调油从左至右依次陈列。
② 同一品牌烹调油按规格从小到大，从上至下陈列。

图4-30 某商场烹调油的陈列现场

三、袋装速食面

袋装速食面种类繁多，品牌包括康师傅、统一等，其陈列示意图如图4-31所示。

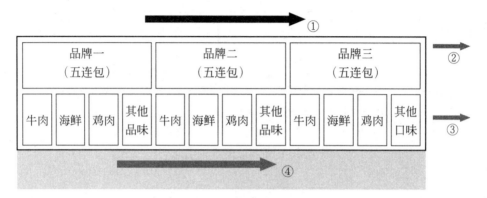

图4-31　袋装速食面的陈列示意图

解读：

①商场（超市）陈列袋装方便面时，先将连包和单包分开陈列，在连包陈列中再按照同品牌的要集中陈列的原则来摆放，每个品牌中再按照口味顺序（牛肉、海鲜、鸡肉及其他口味）摆放，在陈列时要兼顾色块差异。

②五连包要批量陈列在货架上。

③整箱装可以摆放在下层货架。

④顾客走向一般从左向右。

五连包是商场（超市）中的常见包装，很多商场（超市）会安排一整个货架用于陈列，而为单包装设置单独的货架进行陈列。

杯碗速食面有品类之分（方便面、其他速食面），也有口味（牛肉、海鲜、鸡肉及其他口味）和规格之分，其陈列示意图如图4-32所示。

第四章 食品区商品陈列

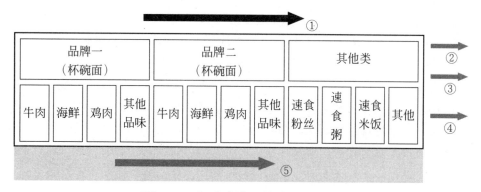

图4-32 杯碗速食面的陈列示意图

解读：

①商场（超市）在陈列杯碗装方便面时，先将方便面和其他速食面分开陈列。在杯碗方便面中按照同品牌的要集中陈列的原则摆放，每个品牌中再按照口味顺序陈列。其他速食面则按照方便粉丝、速食粥、速食饭及其他的顺序陈列，同样每类商品中品牌相对集中陈列。

②小碗装摆放在上层货架。

③中等规格摆放在中层货架。

④多碗装摆放在下层货架。

⑤顾客走向一般从左向右。

五、酱油、醋

酱油、醋种类多、规格不一样，其陈列示意图如图4-33所示。

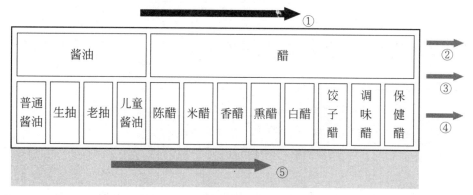

图4-33 酱油、醋的陈列示意图

解读：

①商场（超市）应按照普通酱油、生抽、老抽等陈列，醋按照陈醋、米醋、香醋、熏醋、白醋、饺子醋及调味醋、保健醋顺序陈列。同类商品中可按照同品牌的集中陈列。

②小瓶装摆放在上层货架。儿童酱油放在最上层。

③中等规格摆放在中层货架。

④桶装以及袋装摆放在下层货架。

⑤顾客走向一般从左向右。

小知识

陈列酱油、醋时，可以对一些较大的品牌，如海天、李锦记等进行量感陈列，以扩大销量。

 六、调味酱汁

调味酱汁也是种类繁多，其陈列示意图如图4-34所示。

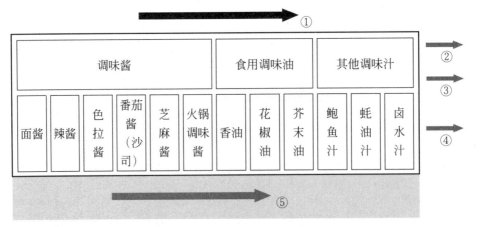

图4-34　调味酱汁的陈列示意图

解读：

①商场（超市）应将调味酱、调味汁分别陈列，调味汁再按照调味酒、调味

油（香油、花椒油、芥末油）及其他调味汁（鲍鱼汁、蚝油汁、卤水汁）的顺序陈列。调味酱按照面酱、辣酱、色拉酱、番茄酱（沙司）、芝麻酱、火锅调味酱的顺序陈列。

②瓶装摆放在上层货架。

③中等规格摆放在中层货架。

④箱装、袋装摆放在下层货架。

⑤顾客走向一般从左向右。

七、酱菜和豆腐乳

酱菜和豆腐乳的陈列示意图如图4-35所示。

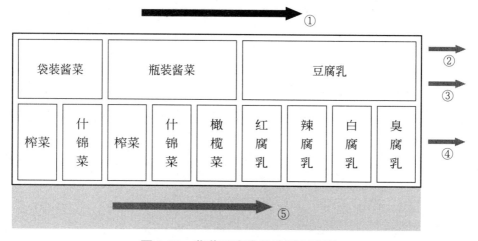

图4-35 酱菜豆腐乳的陈列示意图

解读：

①商场（超市）陈列酱菜时，先按照包装，即瓶装和袋装分别摆放。榨菜单独陈列，其他什锦酱菜可集中陈列。腐乳按照红腐乳、辣腐乳、白腐乳及臭腐乳的顺序分别陈列。

②小瓶装、小袋装的摆放在上层货架。

③中等规格摆放在中层货架。

④大瓶装、大袋装、多袋装摆放在下层货架。

⑤顾客走向一般从左向右。

学习回顾

经过本章内容的学习，想必您已经掌握了不少学习心得，请仔细填写下来，以便继续巩固学习。同时，如果您在学习中遇到了一些难点，也请如实写下来，然后可以进行重复学习，以彻底解决学习难点。

学习心得	学习难点
1._____	1._____
2._____	2._____
3._____	3._____
4._____	4._____
5._____	5._____

第五章 家居用品区商品陈列

学习目标

1. 了解如何陈列杯子。
2. 了解如何陈列家居器皿。
3. 了解如何陈列一次性用品。

第一节 常用家居用品的陈列

杯子有不同的材质,有不同的规格,价格也不一样,其陈列示意图如图5-1所示。

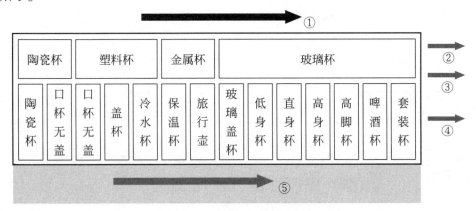

图5-1 杯子陈列示意图

解读：

①商场（超市）陈列时，应先按材质，即陶瓷杯、塑料杯、金属杯、玻璃杯等分别陈列，再按价格从低到高的原则依次陈列。

②小号、单只的杯子放在上层货架或悬挂起来。

③中等规格摆放在下层货架。

④大号、整箱的杯子摆放在下层货架。

⑤顾客走向一般从左向右。

图5-2所示是某商场玻璃杯的陈列现场，各种杯子整齐地摆放在货架上，并贴有对应的价格签。

解说：
① 杯子按规格从小到大，从上到下陈列。
② 整箱的杯子放在下层货架。

图5-2 某商场玻璃杯的陈列现场

二、家居器皿

家居器皿有花瓶、果斗、果篮、冰桶等，其材质和规格也多样，其陈列示意图如图5-3所示。

图5-3 家居器皿陈列示意图

解读：

①商场（超市）陈列家居器皿时，应先按家居器皿的功能，再按其材质，后按其款式、规格以及价格从低到高的原则从左到右依次陈列。

②小号、单只摆放在上层货架。

③中等规格摆放在中层货架。

④大号、整箱装摆放在下层货架。

⑤顾客走向一般从左向右。

三、一次性用品

一次性用品有许多种类，如一次性杯、碗、碟、台布及其他，这些一次性用品的材质与包装也有多种，其陈列示意图如图5-4所示。

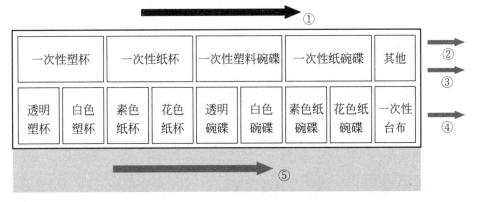

图5-4　一次性用品的陈列示意图

解读：

①商场（超市）应先按一次性塑杯、一次性纸杯、一次性塑料碗碟等类别进行摆放，再按各类商品的材质，后按其颜色，最后按价格从低到高的次序，从左向右依次陈列。

②包装数量较少、较小的一次性用品摆放在上层货架。一次性台布一般放上层，悬挂起来。

③中等规格摆放在中层货架。

④包装数量较多、较大的一次性用品摆放在下层货架。

⑤顾客走向一般从左向右。

图解商场超市布局与商品陈列

一次性用品一般价格较低，销售速度很快，因此，理货员要注意及时补货，避免货架出现空位。

四、炒锅、煎锅

锅有带盖和不带盖之分，还有炒锅、煎锅之分，另外规格、价格也不一样，具体陈列示意图如图5-5所示。

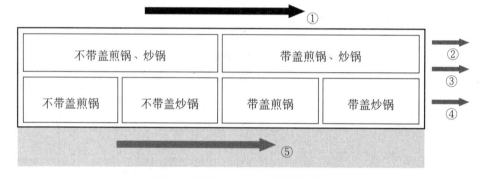

图5-5 炒锅、煎锅的陈列示意图

解读：

①商场（超市）先按类别（带盖、不带盖），再按功能（炒锅、煎锅），依照价格从低到高的次序，从左向右依次陈列。

②小规格摆放在上层货架，或者悬挂起来。

③中等规格摆放在中层货架。

④大规格或整箱装摆放在下层货架。

⑤顾客走向一般从左向右。

五、保温瓶桶

保温瓶桶的功能、容积规格、价格多样，其陈列示意图如图5-6所示。

第五章　家居用品区商品陈列

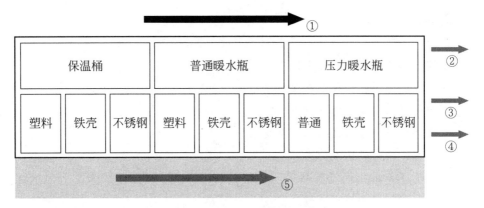

图5-6　保温瓶桶的陈列示意图

解读：

①商场（超市）陈列保温瓶桶时，应先按材质（塑料、铁壳、不锈钢等），再按价格从低到高的次序，从左向右进行陈列。

②小规格摆放在上层货架。

③中等规格摆放在中层货架。

④大规格摆放在下层货架。

⑤顾客走向一般从左向右。

六、保鲜容器

保鲜容器包括微波炉用品、保鲜盒、饭盒、密气罐等，其陈列示意图如图5-7所示。

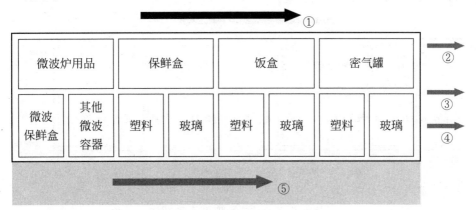

图5-7　保鲜容器的陈列示意图

解读：

①商场（超市）首先要按类别依序摆放，再按材质（塑料、玻璃、金属等），最后依照价格从低到高的原则依次陈列。

②小规格保鲜容器摆放在上层货架。

③中等规格摆放在中层货架。

④大规格保鲜容器摆放在下层货架。

⑤顾客走向一般从左向右。

图5-8所示是某商场保鲜容器的陈列现场，其中，左边货架陈列的是保鲜盒，右边货架陈列的是常用的饭盒。

解说：
① 保鲜容器按类别进行陈列。
② 每层货架中，保鲜容器整齐堆放。

图5-8　某商场保鲜容器的陈列现场

刀具陈列示意图如图5-9所示。

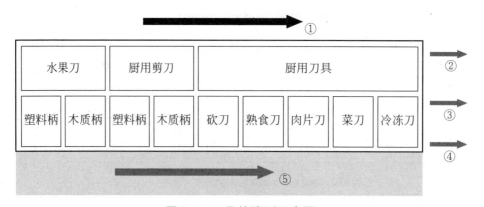

图5-9　刀具的陈列示意图

解读：

①商场（超市）陈列刀具时，应先按功能分为水果刀、厨用剪刀、厨用刀具进行陈列，并依序确定摆放位置，再按价格从低到高，从左向右排列。

②小规格刀具放在上层货架，水果刀最好不要裸露放置。

③中等规格摆放在中层货架。

④大规格以及套装放在下层货架，同时插入刀架中。

⑤顾客走向一般从左向右。

八、厨房器具

厨房器具种类繁多，如调味盒、汤勺、漏勺、铲等，其陈列示意图如图5-10所示。

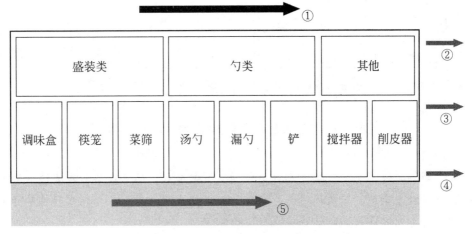

图5-10 厨房器具的陈列示意图

解读：

①商场（超市）应先将盛装类和勺类分区摆放，然后再按价格从低到高，从左向右排列。

②小规格放在上层货架，二格、三格的调味盒放在上层，同时汤勺、漏勺等则悬挂起来。

③中等规格摆放在中层货架。

④大规格放在下层货架，多格、多层的调味盒放在下层，同时包装整齐的汤

勺、漏勺放在底部层板上。

⑤顾客走向一般从左向右。

九、厨房设备、酒类收藏器具

厨房设备、酒类收藏器具有许多，如各类粘钩、水槽附件、温度计等，其陈列示意图如图5-11所示。

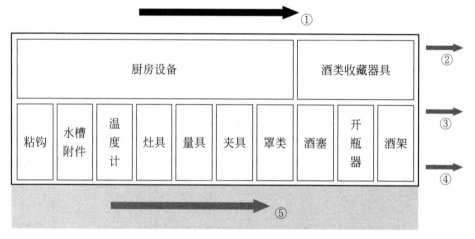

图5-11 厨房设备、酒类收藏器具的陈列示意图

解读：

①商场（超市）应先按类别分类陈列，一般来说，厨房设备放在左边，酒类收藏器具放在右边，然后按价格、功能及款式从左向右排列，要注意挂件尽量与厨房器具陈列在一起。

②小规格放在上层货架，需要悬挂的放在挂钩上。

③中等规格摆放在中层货架。

④大规格放在下层货架，套装的可以放在底层。

⑤顾客走向一般从左向右。

 十、清洁用品

清洁用品包括手套、抹布等一系列商品，其排列示意图如图5-12所示。

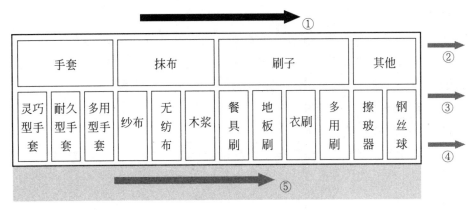

图5-12 清洁用品的陈列示意图

解读：

①商场（超市）陈列清洁用品时，先按类别（手套、抹布），后按材质（如纱布、无纺布、木浆）、特征（如灵巧型、耐久型、多用型），依照价格从低到高的原则从左向右依次陈列。

②小规格摆放在上层货架。

③中等规格摆放在中层货架。

④大规格摆放在下层货架。

⑤顾客走向一般从左向右。

十一、卫生间配件

卫生间配件主要包括马桶刷、马桶盖、马桶皮套等，其陈列示意图如图5-13所示。

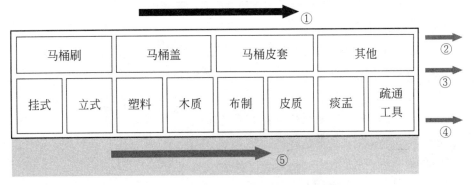

图5-13 卫生间配件的陈列示意图

解读：

①商场（超市）在陈列卫生间配件时，应按从左向右的方向依次陈列马桶刷、马桶盖、马桶皮套等，在各品类中再按材质（塑料、木质）或放置的方式（挂式、立式）依序陈列，价格低的放在左边，价格高的放在右边。

②小规格摆放在上层货架。

③中等规格摆放在中层货架。

④大规格以及整排、整箱放在下层货架上。

⑤顾客走向一般从左向右。

十二、浴室配件

浴室配件包括卷纸架、纸巾盒、皂盒、浴帘等，其陈列示意图如图5-14所示。

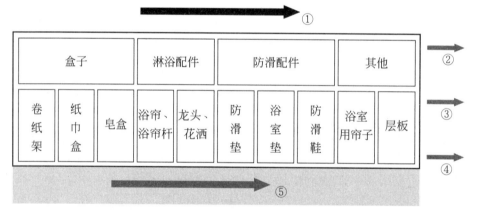

图5-14 浴室配件的陈列示意图

解读：

①商场（超市）陈列浴室配件时，应与卫生间配件衔接，从左向右方向，依次以卷纸架、纸巾盒、皂盒等为顺序排列，价格低的放在左边，价格高的依次放在右边。

②较轻、较小的卫生间配件摆放在上层货架。

③中等规格的摆放在中层货架。

④较大、较重的卫生间配件放在下层货架上。

⑤顾客走向一般从左向右。

第二节　家庭用具的陈列

灯具的陈列示意图如图5-15所示。

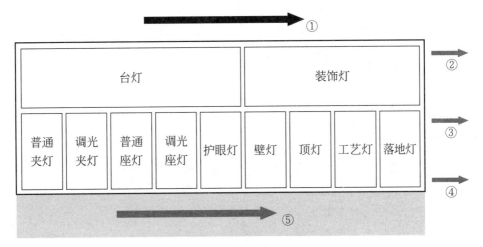

图5-15　灯具的陈列示意图

解读：

①商场（超市）应将灯具按功能分为台灯和装饰灯，将其分区陈列，再按价格从低到高的顺序依次陈列。落地灯尽量陈列在专用货架上，所有样品和库存最好用数字标出并做到一一对应。

②小规格摆放在上层货架。夹灯应夹在相应的架子上。

③中等规格摆放在中层货架。

④大规格摆放在下层货架。

⑤顾客走向一般从左向右。

桌椅的陈列示意图如图5-16所示。

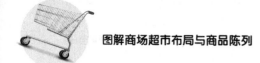

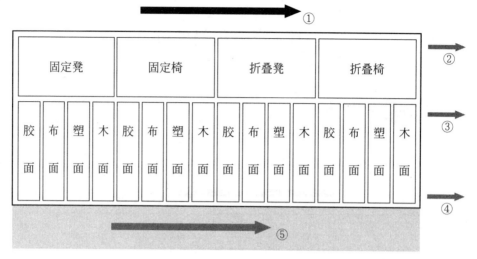

图5-16 桌椅的陈列示意图

解读：

①商场（超市）在陈列桌椅时，应先按固定、折叠，再按凳、椅的顺序，后按凳、椅的材质（如胶面、布面、塑面、木面）及颜色，最后按照价格从低到高的次序来陈列。

②较小的折叠椅和折叠凳可以折叠起来挂在上层货架中。

③中等规格摆放在中层货架。

④大规格摆放在下层货架。

⑤顾客走向一般从左向右。

商场（超市）应在桌椅摆放区设置专区，并放置一些椅子，供顾客乘坐，亲自感受一下，以促进销售。

桌椅地台的陈列示意图如图5-17所示。

第五章　家居用品区商品陈列

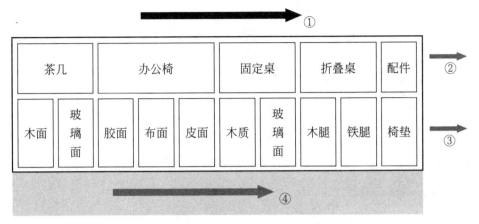

图5-17　桌椅地台的陈列示意图

解读：

①商场（超市）对桌椅地台应先按类别（茶几、办公椅、固定桌、折叠桌等），再按材质（胶面、布面等），后按规格，最后按照价格从低到高在地台上或BAY上依次陈列。

②茶几规格较小，可以放在货架上。

③办公椅、固定桌、折叠桌等体型较大，应在卖场划出专门的地台来摆放。

④顾客走向一般从左向右。

四、储藏层架、小型家具

储藏层架、小型家具的陈列示意图如图5-18所示。

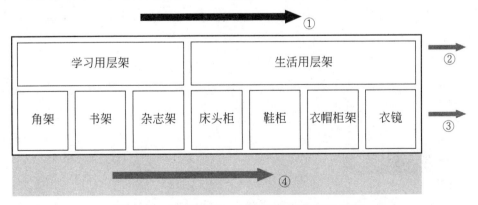

图5-18　储藏层架、小型家具的陈列示意图

解读：

①商场（超市）应先按功能，即学习用层架和生活用层架，分别摆放，然后按价格从低到高的次序依次陈列。

②小型层架放入货架中。

③大型层架，如多层书架，要设置专门的地台用来展示。

④顾客走向一般从左向右。

 五、灯泡

灯泡的陈列示意图如图5-19所示。

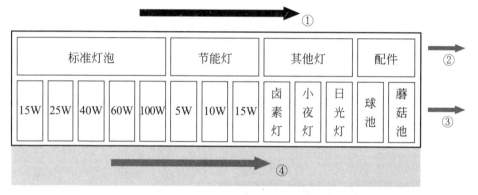

图5-19 灯泡的陈列示意图

解读：

①商场（超市）对灯泡应先按功能（如标准灯泡、节能灯等），再按功率（15W、25W、40W、60W、100W），后按款式（如管型、异型），最后按价格从低到高的次序依次陈列。

②灯泡规格相近，上、中层货架都可以摆放。

③多只、整箱放在下层货架上。

④顾客走向一般从左向右。

 六、钟表

钟表的陈列示意图如图5-20所示。

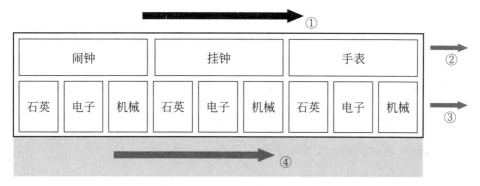

图5-20　钟表的陈列示意图

解读：

①商场（超市）对钟表应先按类别（闹钟、挂钟、手表），再按材质（石英、电子、机械），最后按价格从低到高的次序依次陈列。

②闹钟要放在中层货架上，挂钟则可以悬挂起来用于展示，手表则应设置专柜进行陈列，有专人负责。

③包装完整的闹钟、挂钟放在下层货架上。

④顾客走向一般从左向右。

第三节　家庭日用品的陈列

卫生卷纸的陈列示意图如图5-21所示。

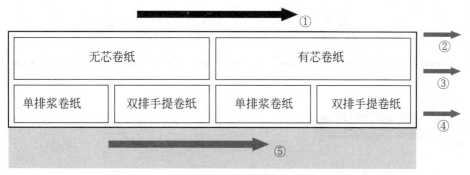

图5-21　卫生卷纸的陈列示意图

解读：

①商场（超市）对卫生卷纸可分成有芯卷纸和无芯卷纸两个区域来陈列，在每个区域里，再按单排浆卷纸、双排手提卷纸进行分类，最后按价格从低到高的顺序依次陈列，在每个分类里，同品牌的要集中陈列。

②单卷摆放在上层货架。

③单排浆卷纸摆放在中层货架。

④双排手提卷纸摆放在下层货架。

⑤顾客走向一般从左向右。

图5-22所示是某超市卫生卷纸的陈列现场，陈列规格都是10卷一袋。超市为提升销量，会对卫生卷纸这种家庭日用品集中陈列，往往同一种规格铺满整个货架。

解说：
① 卫生卷纸要整齐堆放在货架上。
② 每类商品都有明确的价格标签。

图5-22 某超市卫生卷纸的陈列现场

 小知识

卫生卷纸的销售速度很快，因此，理货员可以对其进行量感陈列，并做好补货工作，避免其出现空位。

 二、抽式纸

抽式纸的陈列示意图如图5-23所示。

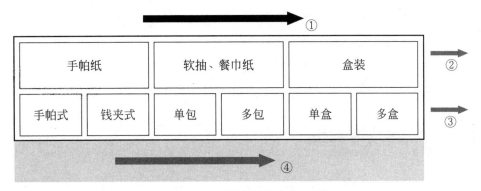

图5-23　抽式纸的陈列示意图

解读：

①商场（超市）要将抽式纸分成三部分，即手帕纸、软抽、盒装抽纸等，分别陈列。手帕纸再分为钱夹式和手帕式陈列，在每一部分里，同品牌的要集中陈列。

②单包装摆放在上层货架。

③多包装摆放在中、下层货架。

④顾客走向一般从左向右。

洗衣粉的陈列示意图如图5-24所示。

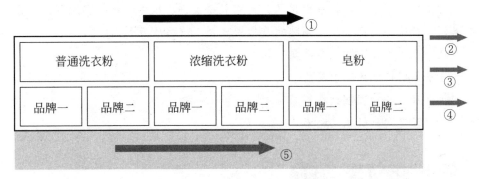

图5-24　洗衣粉的陈列示意图

解读：

①商场（超市）洗衣粉按类别分为普通洗衣粉、浓缩粉、皂粉三部分来陈列，在每一部分里，同品牌的要集中陈列，价格则依从低到高的顺序。

②小包装摆放在上层货架。

③中等规格包装摆放在中层货架。

④大包装、桶装摆放在下层货架。

⑤顾客走向一般从左向右。

杀虫用品的陈列示意图如图5-25所示。

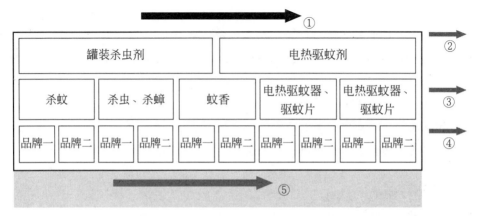

图5-25 杀虫用品的陈列示意图

解读：

①商场（超市）应将杀虫用品分为罐装杀虫剂、蚊香、电热驱蚊剂三部分依次陈列，在这些项目下，同品牌的要集中陈列，价格从低到高陈列。

②小盘、单盒装摆放在上层货架。

③中等规格摆放在中层货架。

④大盘、多盒装摆放在下层货架。

⑤顾客走向一般从左向右。

空气清新剂分为罐装空气清新剂和瓶装空气清新剂。空气清新剂的陈列示意图如图5-26所示。

第五章 家居用品区商品陈列

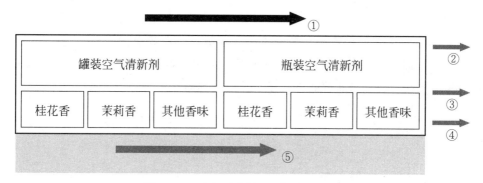

图5-26 空气清新剂的陈列示意图

解读：

①商场（超市）陈列空气清新剂时，要从左至右方向陈列罐装、瓶装商品，在每一类里，同品牌的要集中陈列，并且遵循价格从低到高的原则。

②小规格摆放在上层货架。

③中等规格摆放在中层货架。

④大规格摆放在下层货架。

⑤顾客走向一般从左向右。

第四节　洗化用品的陈列

一、洗发水

洗发水的陈列示意图如图5-27所示。

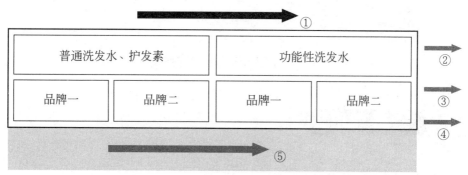

图5-27 洗发水的陈列示意图

解读：

①商场（超市）要将洗发水分为两部分陈列，即普通洗发水、功能性洗发水，在每一部分里，同品牌的要集中陈列（洗发水和护发素陈列在一起），并且要沿客流方向，将知名品牌的排在前面，小品牌的在后面。

②小规格摆放在上层货架。

③中等规格摆放在中层货架。

④大规格摆放在下层货架。

⑤顾客走向一般从左向右。

洗发水品牌众多，商场（超市）可以为各大品牌设置专门的堆头进行陈列，以提高顾客的关注度，促进销量。同时，可以为促销装用整个货架进行陈列。

图5-28所示是某超市洗发水的陈列现场，整个货架陈列丰满，面位整齐且商品前后一致。

解说：
① 洗发水一般按品牌为主要陈列标准，各品牌分区陈列。
② 货架上的商品应干净且无破损。

图5-28 某超市洗发水的陈列现场

美发用品的陈列示意图如图5-29所示。

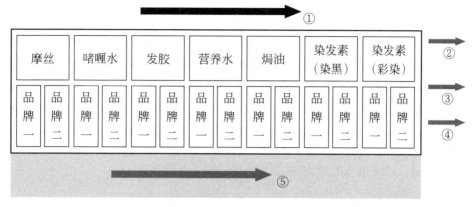

图 5-29　美发用品的陈列示意图

解读：

①商场（超市）将美发用品按摩丝、啫喱水、发胶、营养水、焗油依次陈列，在每一部分里，同品牌的要集中起来，并按价格从低到高的顺序陈列。

②小规格摆放在上层货架。

③中等规格摆放在中层货架。

④大规格摆放在下层货架。

⑤顾客走向一般从左向右。

三、口腔护理用品

口腔护理用品分为成人牙刷、成人牙膏、儿童口腔护理用品三类，其陈列示意图如图 5-30 所示。

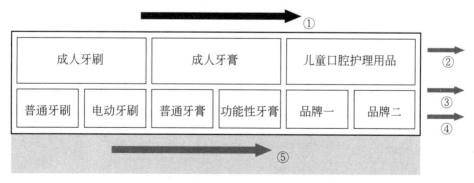

图 5-30　口腔护理用品的陈列示意图

解读：

①商场（超市）在陈列口腔护理用品时，应按先牙刷、后牙膏的顺序陈列，牙膏和牙刷之间可陈列电动牙刷和美齿商品及儿童口腔护理用品。在每一大类中，同品牌的要集中陈列。

②单只装的牙刷挂在上层挂钩上。单只装的牙膏要摆放在上层货架。

③多只装的牙刷挂在中层挂钩上。促销装（含多只）牙膏要摆放在中层货架上。

④牙刷、牙膏组合装放在下层货架上。

⑤顾客走向一般从左向右。

四、香皂

香皂包括普通香皂、功能性香皂、洗手液三类，其陈列示意图如图5-31所示。

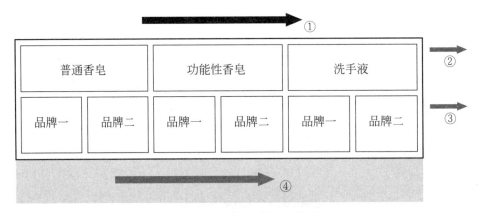

图5-31　香皂的陈列示意图

解读：

①商场（超市）应将香皂分为普通香皂、功能性香皂、洗手液三大类依次陈列，在每一大类中，同品牌的要集中陈列，同时应沿客流方向，将知名品牌的陈列于先，小品牌的陈列于后。

②单块装摆放在上层、中层货架。

③多块组合装摆放在下层货架。

④顾客走向一般从左向右。

 五、洁面用品

洁面用品主要包括洗面奶、面膜两大类,其陈列示意图如图5-32所示。

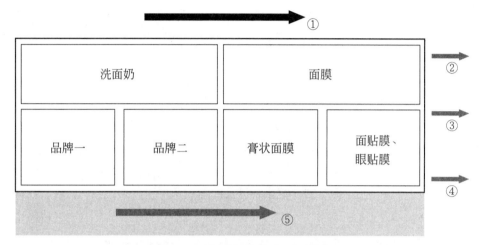

图5-32 洁面用品的陈列示意图

解读:

①商场(超市)要将洗面奶、面膜依次陈列。如果货架资源丰富,品牌洗面奶可以和品牌护肤品做重复陈列。在每一大类里,同品牌的要集中陈列,应将知名品牌的陈列于先,小品牌的陈列于后。

②小规格摆放在上层货架。

③中等规格摆放在中层货架。

④大规格摆放在下层货架。

⑤顾客走向一般从左向右。

 六、成人护肤品

成人护肤品包括润唇膏、面部护肤用品、身体护肤用品、手足护理用品、男士护肤用品等,其陈列示意图如图5-33所示。

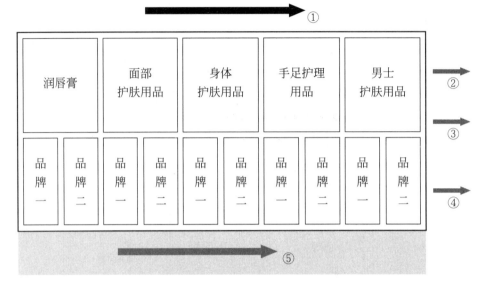

图5-33 成人护肤品的陈列示意图

解读:

①商场(超市)应将润唇膏、面部护肤用品、身体护肤用品、手足护理用品、男士护肤用品五大类依次陈列,如果货架资源丰富,男士护肤品可以和品牌护肤品做重复陈列,在每一大类里,同品牌的要集中陈列,沿客流方向,将知名品牌的陈列于先,小品牌的陈列于后。润唇膏则使用挂钩进行陈列。

②小规格摆放在上层货架。

③中等规格摆放在中层货架。

④大规格摆放在下层货架。

⑤顾客走向一般从左向右。

第五节 学习和办公类商品的陈列

书写工具的陈列示意图如图5-34所示。

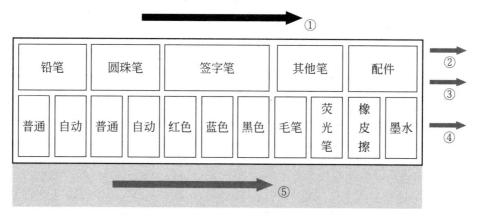

图5-34 书写工具的陈列示意图

解读：

①商场（超市）应先按铅笔、圆珠笔、签字笔、其他笔、配件等形式进行分类，价格纵向由高到低陈列。

②单只装摆放在上层货架。

③多只装摆放在中层货架。

④桶装摆放在下层货架。

⑤顾客走向一般从左向右。

二、绘画材料

绘画材料的陈列示意图如图5-35所示。

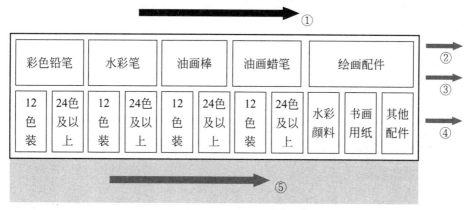

图5-35 绘画材料的陈列示意图

解读：

①商场（超市）应先按彩色铅笔、水彩笔、油画棒和蜡笔、绘画配件等依次陈列，在大类中可以按包装细分类，如可以细分为12色包装、24色及以上包装等依次陈列，同品牌的集中陈列。

②单只装摆放在上层货架。

③多只装摆放在中层货架。

④筒装摆放在下层货架。

⑤顾客走向一般从左向右。

三、本册

本册的陈列示意图如图5-36所示。

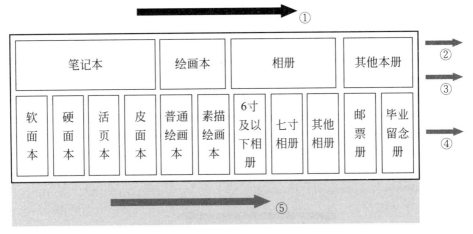

图5-36　本册的陈列示意图

解读：

①商场（超市）应先按笔记本、绘画本、相册、其他本册等进行分类，接着可以细分类，如笔记本可以细分为软面本、硬面本、活页本、皮面本等依次陈列。

②小规格摆放在上层货架。

③中等规格摆放在中层货架。

④大规格以及多本合订装摆放在下层货架。

⑤顾客走向一般从左向右。

四、学生用品

学生用品的陈列示意图如图5-37所示。

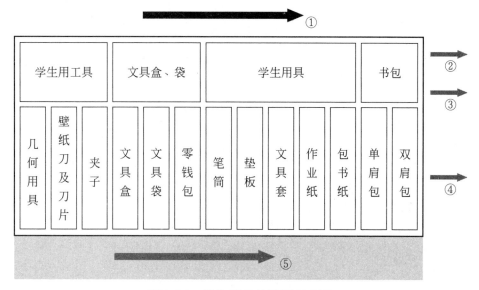

图5-37 学生用品的陈列示意图

解读：

①商场（超市）应先按学生用工具、文具盒和袋、学生用具、书包等进行分类，接着可以细分类，如学生用具可以细分为笔筒、垫板、文具套、包书纸、作业纸、地球仪及其他教学仪器依次陈列。书包一般设置专门的摆放区域进行悬挂摆放。

②小规格摆放在上层货架。
③中等规格摆放在中层货架。
④大规格摆放在下层货架。
⑤顾客走向一般从左向右。

五、办公用纸

办公用纸的陈列示意图如图5-38所示。

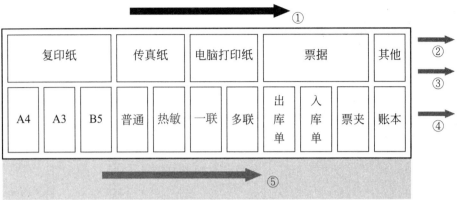

图5-38 办公用纸的陈列示意图

解读：

①商场（超市）应先按复印纸、传真纸、电脑打印纸、票据等进行分类，再采用层板和网筐相结合的方式陈列。

②小规格摆放在上层货架。

③中等规格摆放在中层货架。

④大规格摆放在下层货架。

⑤顾客走向一般从左向右。

六、文件夹

文件夹的陈列示意图如图5-39所示。

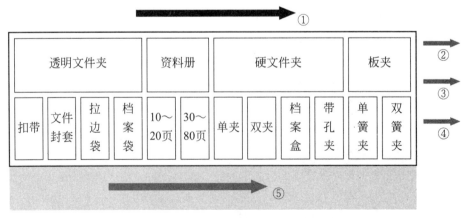

图5-39 文件夹的陈列示意图

解读：

①商场（超市）应先按透明文件夹、资料册、硬文件夹、板夹等进行分类，接着可以细分类，如透明文件夹可以细分为扣袋、文件封套、拉边袋、档案袋等依次陈列，同时也可采用层板和网筐相结合的方式陈列。

②小规格摆放在上层货架。

③中等规格摆放在中层货架。

④大规格摆放在下层货架。

⑤顾客走向一般从左向右。

学习回顾

经过本章内容的学习，想必您已经掌握了不少学习心得，请仔细填写下来，以便继续巩固学习。同时，如果您在学习中遇到了一些难点，也请如实写下来，然后可以进行重复学习，以彻底解决学习难点。

学习心得	学习难点
1._____	1._____
2._____	2._____
3._____	3._____
4._____	4._____
5._____	5._____

第六章 服装区与鞋类商品陈列

学习目标

1. 了解如何进行服装区的整体陈列。
2. 了解如何陈列T恤。
3. 了解如何陈列衬衫。

第一节　服装区商品陈列

一、服装区的整体陈列

服装主要分为男装和女装，其整体陈列示意图如图6-1所示。

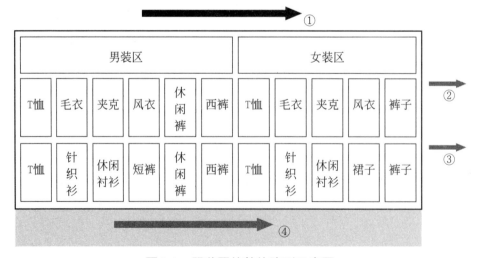

图6-1　服装区的整体陈列示意图

解读：

①商场（超市）应先将服装区划分为男装区和女装区，然后在各自区域中为T恤、毛衣、夹克、风衣、休闲裤、西裤等划出专区陈列。

②秋冬季节，适合销售毛衣、夹克等。

③春夏季节，适合销售短裤、裙子等。

④客流走向：顾客走向一般从左向右。

小知识

食品、家居用品一般都摆在货架上进行销售，而服装基本都是用挂钩挂起来，平行陈列在卖场中，因此其陈列规则与货架陈列有所不同。服装的陈列一定要注意根据季节的变化进行调整，同时对过季的服装可以打折销售，避免出现存货，占用资金。

二、T恤

T恤主要分为无袖、短袖、中袖和长袖，其陈列示意图如图6-2所示。

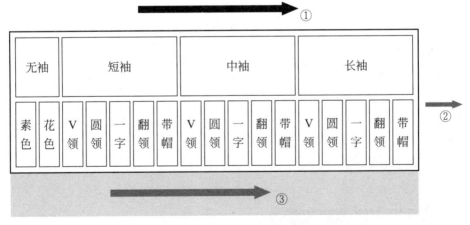

图6-2　T恤的陈列示意图

解读：

①商场（超市）应按无袖、短袖、中袖和长袖等依次陈列，价格方面由低到

高陈列。

②每一杆挂一色的T恤，尺寸由小到大陈列，商品与商品之间保持一个手指的距离。一杆不得挂多于2个颜色，深色与浅色错开陈列，互相映衬。

③顾客走向一般从左向右。

衬衫包括无袖衬衫、短袖衬衫、中袖衬衫和长袖衬衫，其陈列示意图如图6-3所示。

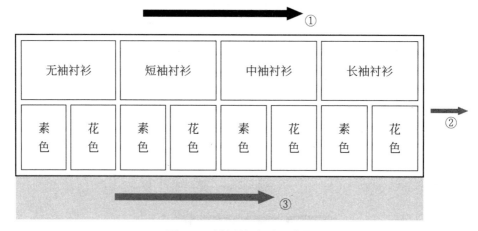

图6-3 衬衫的陈列示意图

解读：

①商场（超市）应按无袖衬衫、短袖衬衫、中袖衬衫和长袖衬衫依次陈列，价格方面由低到高陈列。

②每一杆挂一色的衬衫，尺寸由小到大陈列，商品与商品之间保持一个手指的距离。一杆不得挂多于2个颜色，深色与浅色错开陈列，互相映衬。

③顾客走向一般从左向右。

裙子、连衣裙的陈列示意图如图6-4所示。

第六章 服装区与鞋类商品陈列

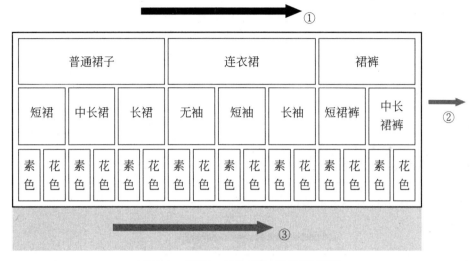

图6-4 裙子、连衣裙的陈列示意图

解读：

①商场（超市）应按普通裙子、连衣裙、裙裤依次陈列，价格方面由低到高陈列。

②每一杆挂一色的裙子，尺寸由小到大陈列，商品与商品之间保持一个手指的距离。一杆不得挂多于2个颜色，深色与浅色错开陈列，互相映衬。

③顾客走向一般从左向右。

五、男女裤子

男女裤子的陈列示意图如图6-5所示。

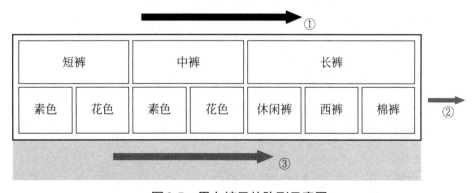

图6-5 男女裤子的陈列示意图

解读：

①商场（超市）应按短裤、中裤、长裤依次陈列，价格方面由低到高陈列。

②每一杆挂一色的裤子，尺寸由小到大陈列，商品与商品之间保持一个手指的距离。一杆一个颜色。

③顾客走向一般从左向右。

男女成衣的陈列示意图如图6-6所示。

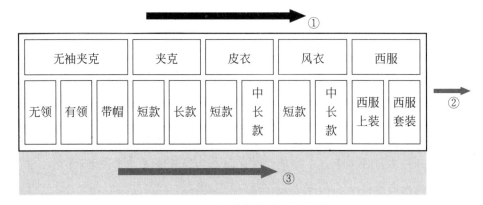

图6-6 男女成衣的陈列示意图

解读：

①商场（超市）应将男女成衣按男女性别分区陈列，再分细类，如女式成衣分为无袖夹克、夹克、皮衣、风衣等依次陈列，男式成衣分为无袖夹克、夹克、休闲上装、皮衣、风衣、西服上装、西服套装等依次陈列。

②每一杆挂一色的成衣，尺寸由小到大陈列，商品与商品之间保持一个手指的距离。一杆不得挂多于2个颜色。

③顾客走向一般从左向右。

按性别分为男、女区陈列，再分为细类，如牛仔衬衫、牛仔上装、牛仔裤等。牛仔装的陈列示意图如图6-7所示。

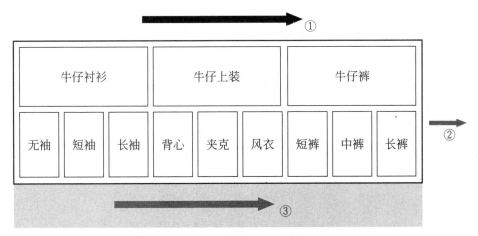

图6-7 牛仔装的陈列示意图

解读：

①商场（超市）应按牛仔衬衫、牛仔上装、牛仔裤依次陈列，价格方面由低到高陈列。

②每一杆挂一色的牛仔装，尺寸由小到大陈列，商品与商品之间保持一个手指的距离。一杆不得挂多于2个颜色，深色与浅色错开陈列，互相映衬。

③顾客走向一般从左向右。

童装的陈列示意图如图6-8所示。

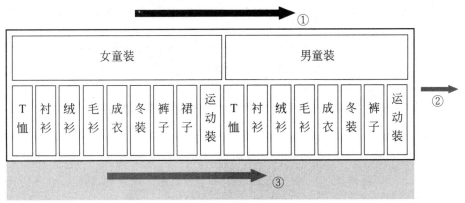

图6-8 童装的陈列示意图

解读：

①商场（超市）先按性别分为女童装、男童装分区陈列，再在大类中细分为T恤、衬衫、绒衫、毛衫、成衣、冬装、裙子、运动装等依次陈列，价格方面由低到高陈列。

②每一杆挂一色的童装，尺寸由小到大陈列，商品与商品之间保持一个手指的距离。一杆不得挂多于2个颜色，深色与浅色错开陈列，互相映衬。

③顾客走向一般从左向右。

第二节 鞋类商品的陈列

一、女式皮革鞋、靴、凉鞋

女式皮革鞋、靴、凉鞋的陈列示意图如图6-9所示。

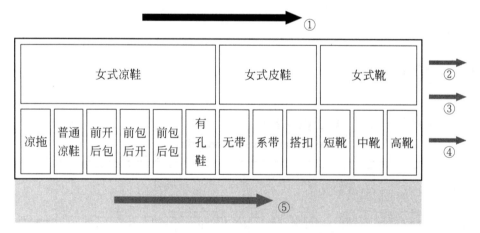

图6-9 女式皮革鞋、靴、凉鞋的陈列示意图

解读：

①商场（超市）应将尺寸牌粘在同侧鞋跟和货架牌上，一层一个尺码，尺寸从大到小、从高到低。一个竖行最多保持1个颜色，深色的与浅色的应错开陈列，互相映衬。沿客流方向，价格由低到高陈列。

②小尺码摆放在上层货架。

③中等尺码摆放在中层货架。
④大尺码摆放在下层货架。
⑤顾客走向一般从左向右。

二、男式皮革鞋、靴、凉鞋

男式皮革鞋、靴、凉鞋的陈列示意图如图6-10所示。

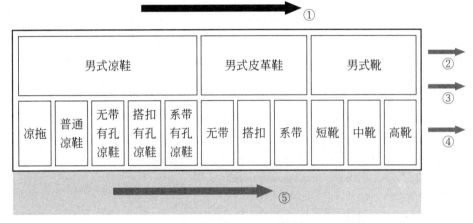

图6-10　男式皮革鞋、靴、凉鞋的陈列示意图

解读：

①商场（超市）陈列男式皮革鞋、靴、凉鞋时，尺寸牌粘在同侧鞋跟和货架牌上，一层一个尺码，尺寸从大到小、从高到低。一个竖行最多保持1个颜色，深色的与浅色的应错开陈列，互相映衬。沿客流方向，价格由低到高陈列。

②小尺码摆放在上层货架。

③中等尺码摆放在中层货架。

④大尺码摆放在下层货架。

⑤顾客走向一般从左向右。

 小知识

陈列鞋类时，一般只在最上面两层货架陈列样品，供顾客试穿，其他鞋子要放在鞋盒中，同时，每双鞋子要用塑料线连起来，防止被盗。

运动鞋、休闲运动鞋的陈列示意图如图6-11所示。

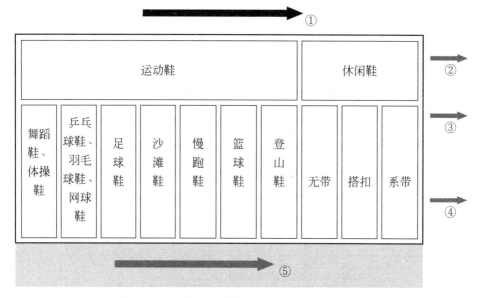

图6-11 运动鞋、休闲运动鞋的陈列示意图

解读：

①商场（超市）陈列运动鞋、休闲运动鞋时，尺寸牌粘在同侧鞋跟和货架牌上，一层一个尺码，尺寸从大到小、从高到低。一个竖行最多保持1个颜色，深色的与浅色的应错开陈列，互相映衬。沿客流方向，价格由低到高陈列。

②小尺码摆放在上层货架。

③中等尺码摆放在中层货架。

④大尺码摆放在下层货架。

⑤顾客走向一般从左向右。

拖鞋的陈列示意图如图6-12所示。

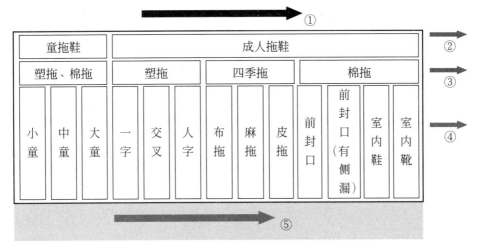

图6-12 拖鞋的陈列示意图

解读：

①商场（超市）应将拖鞋的尺寸牌粘在每双拖鞋底，一层一个尺码。保持一根杆一个颜色，一个竖行最多保持3个颜色，颜色比例3∶2∶2或3∶3∶3，深色的与浅色的应错开陈列，互相映衬。沿客流方向，价格由低到高陈列。

②小尺码摆放在上层货架。

③中等尺码摆放在中层货架。

④大尺码摆放在下层货架。

⑤顾客走向一般从左向右。

学习回顾

经过本章内容的学习，想必您已经掌握了不少学习心得，请仔细填写下来，以便继续巩固学习。同时，如果您在学习中遇到了一些难点，也请如实写下来，然后可以进行重复学习，以彻底解决学习难点。

学习心得	学习难点
1._____	1._____
2._____	2._____
3._____	3._____
4._____	4._____
5._____	5._____